语言历史论丛（第十四辑）

Papers on Languages and history

Volume 14

四川师范大学文学院
中国 · 成都 · 2020
The Linguistic Institute, Sichuan Normal University
Chengdu, China, 2020

巴蜀书社

《语言历史论丛》(第十四辑)

主　编　周及徐　**副主编**　袁雪梅

目　录

Contents and Abstracts

Abstract: This paper investigates the tones and phonation types in a TaiRu variety of Jianghuai Mandarin used in the Xinhe village, Jingjiang city, Jiangsu Province. There are six tone categories in Xinhe: *yangping* and *yangru* are falsetto tones which belong to Upper Register, while *yinping*, *shangsheng*, *qusheng* and *yinru* are in Model Register. Falsetto was found in Xinghua, Dafeng, and Dongtai in the northern part of the same TaiRu group. Falsetto is proposed to be a regional feature shared by both northern and southern varieties of TaiRu group, but may not entirely originates from a common source because it appears in different tone categories in Xinhua. This paper also explains the nationwide *yin*-low vs. *yang*-high phenomenon. Like Chaoshan Min and Meizhou Hakka, *yin*-low vs. *yang*-high phenomenon in Xinhe also results from the change of its phonation types. At an earlier stage, the pitch pattern of *rushing*, *yin* -high vs. *yang*-low, in Xinhe is supposed to be the same as those in other dialects. Now most of its *yinru* words ends by a stiff voice which sounds short and falling. The stiff voice makes the pitch of *yinru* drop, which, in turn, leads to pitch rising of *yangru* with a Fortis voice (final glottal stop). This may be one of the reasons that *yangru* in Xinhe changes from Fortis to Falsetto voice. Speakers' pitch contour in Xinhe is quite consistent except *shangsheng* which has two variants. The old generation variety is Middle Rising {24}, while the new one is Central Dipping {323}. It is also found in the new variety that breathy or creaky voice has been used together with *shangsheng*, for the purpose to help distinguish it from the pure low tone *yinping*.

Key Words: tone; phonation; Register; falsetto; breathy voice; Jingjiang dialect; Jianghuai Mandarin

(Tang Liufang, School of Chinese Minority Languages and Arts, Central University for Nationalities, Beijing, 100081; Zhu Xiaonong, School of Language Science and Art, Jiangsu Normal University, Xuzhou, 221116)

Abstract: Taking Huangpi dialect as an example, this paper discusses new words and old words in dialects. How the new words of dialects emerge and spread? How wide can they spread? How the new words are gradually accepted by the whole dialect area? Which dialect words should be recruited in the large-scale dialect dictionary? The above questions are all related to this topic. It is not difficult to study the disappearance of the old words in common language which have been recorded in the documents. In the dialects without documents, place names are the best carrier to record the old words in a dialect. The discussion of dialect new words in this paper will give us some enlightenment on how words are made by convention and used by the common people.

Key Words: Huangpi dialect; new words; old words

(School of Arts, Capital Normal University, Beijing, 100089)

Abstract: Tang Dynasty is an open religious era when many great monks and poets were come out: Libai was a sincerely Taoism believer all his life, Wangwei is called ' buadhist-poet' , and Bai Juyi was one of the great Tang poets who is completely Buddhist. This article for the first time collects more than 90 modifying compound words of Buddhism and Taoism from the *BAIJUYI POETRY COLLECTION*. Among them, there are only 7 words that belong to Buddhism or to Taoism, and among these 7 words, there are 2 words can be commonly used in Buddhism and Taoism, that is to say, only 5 words can be completely recognized as ' Taosim ' , the rest more than 80 words belong to ' Buddhism'. This paper analyzes more than 80 Buddhist words in Bai Juyi's poems one by one, and believes that the words used in the poems can reflect the poet's ideological realm, thus inferring that Bai Juyi's religious belief is Buddhism.

Key Words: Bai Juyi's; poems; Buddhism; modifying compound words

(Huang Ying, School of Arts, Sichuan Normal University, Chengdu, 610068; Tang Li, Library of Sichuan Normal University, Chengdu,

610068; Hu Meijuan, Luzhou Senior High School, Luzhou, Sichuan, 646000)

Abstract: Distribution of place name "X Ge Zhuang" is very regular, which only appears in Shandong, Tianjin and part of Hebei and Beijing, covers part of the northern Chinese dialect regions. This shows that determinants of "X Ge Zhuang" distribution are not dialect or language contact. We may find that the determinable element is immigration in the early Ming Dynasty though analysis, in the previous four provinces and cities where have Shanxi and Shandong people lived there will be a "X Ge Zhuang".

Key Words: X Ge Zhuang(X 各庄); early Ming Dynasty; immigration

(School of Arts, Tangshan Normal University, Tangshan, Hebei Province, 063000)

Abstract: The distribution pattern of Sichuan dialects reflected by the contemporary field survey data is that the oblique Minjiang river divides Sichuan dialect into two parts: "Huguang dialect" to the north of Minjiang River and "Nanlu dialect" to the south of Minjiang River. The former is the dialect brought by the immigration of Huguang in Ming and Qing Dynasties, and the latter is the remnant of Sichuan local dialect before Yuan and Ming Dynasties, which shows that

Sichuan dialect is the result of two ways of immigration and evolution.

Key Words: immigration; evolution; Sichuan dialects; after Ming Dynasty

(School of Arts, Sichuan Normal University, Chengdu, 610068)

Abstract: Based on the fieldwork, this essay describes and analyzes the phonetic system of Wangjia township in chao-tian area. It is unique in Sichuan dialects with some features, such as the retaining of the ancient ending-tone, the keep of the distinctions between Tsi-syllables and Ki-syllables, and the differentiation between retroflex and non-retroflex initials and so on, which is quite characteristic in Sichuan dialect.

Key Words: Wangjia dialect; ancient features

(Preparatory College of ABA Normal University, Wenchuan County, Sichuan Province, 623002)

Abstract: Based on the field investigation of Zhaochang dialect in Yibin City, Sichuan Province, this paper describes the phonetic system of Zhaochang dialect. Zhaochang town dialect has the characteristics of Nanluhua（南路话）dialect of Sichuan Province.

Key Words: Zhangchang dialect; phonetic system; field work

(School of Arts, Sichuan Normal University, Chengdu, 610068)

江淮官话靖江新合村方言的分域调系

——发声态出没的演化

唐留芳 朱晓农[①]

摘 要 本文考察江淮官话泰如片靖江市新桥镇新合村方言的声调及发声。新合话有六个调类：阳平和阳入为上域假声调，阴平、上声、去声、阴入为常域调。此前曾发现泰如片北部的兴化、大丰、东台方言中有假声，本文的发现说明假声从北到南是泰如片的共同区域特征，但可能不完全来自同一来源，因为兴化的假声所属调类不同。本文还统一解释了全国范围的入声阴低阳高现象。跟潮汕闽语和梅州客家话一样，新合方言的阴低阳高现象也是由发声态变化引起的。早期新合话的入

① 作者简介：唐留芳，中央民族大学中国少数民族语言文学院；朱晓农，江苏师范大学语言科学与艺术学院。

声应该和其他方言一样，是阴高阳低。现在它的阴入主要是僵声尾，听感上是个短降调。僵声是造成阴入音高下降的原因，与此同时推动了带有张声喉塞尾的阳入音高的提高，这可能是新合阳入由张声喉塞尾变成假声的原因之一。新合话内部相当一致，只有上声有新老之别：老派是中升调｛24｝，新派是央凹调｛323｝。新派上声有增生气声或嘎裂声的，可以认为是使用的辅助手段，以区别于阴平纯低调。

关键词 江淮官话 新合方言 声调 声域 假声 气声

引 言

本文描写江苏靖江话一个相当特别的声调系统。靖江市位于长江北岸，但其城区方言属于吴语，跟苏南的常州、江阴等方言同属吴语太湖片毗陵小片。[6]新桥镇新合村位于靖江城区西南约25公里处，东临广靖高速公路和江阴长江大桥，南与江阴、无锡、常州隔长江相望，北靠江平公路。新合村方言属于江淮官话泰如片，当地人称之为“沙上话”。本文将重点考察新合方言的声调类型及其演化之路。

泰如方言内部声调系统差异很大，声域有单域，也有双域。调类数从四声到七声的都有，如最复杂的兴化老派是双域七声的声调系统，东台、大丰是双域六声的声调系统，南通、兴化新派是单域七声的声调系统，如东$_{河口}$、如皋、泰州、泰兴$_{黄桥}$是单域六声的声调系统，海安和泰兴$_{马甸}$是单域五声的声调系统，姜堰$_{溱潼}$是单域四声的声调系统。[4]166－173[5]149－157本文研究对象靖江新合村方言有六个声调，分别归入上域与常域两个声域。

本文材料取自新合村10位发音人（见表1），4女6男，年龄从20岁到70多岁。录音工作由唐留芳2017年（M1－M2，F1－F4）和2019年（M3－M6）分两次在当地进行。

表1　新合村发音人信息表

编号	发音人	性别	生年	教育	职业
F1	WJN	女	1957	小学	务农
F2	TQM	女	1976	初中	工人
M1	TDZ	男	1947	高中	务农
M2	LFR	男	1974	高中	工人
M6	YJJ	男	1999	大专	工人
F3	TLF	女	1992	大学	学生
F4	LXY	女	1999	大学	学生
M3	YJ	男	1990	大学	公务员
M4	ZYD	男	1993	大学	公务员
M5	YL	男	1994	大学	公务员

用以调查的字表共148个常用单字，按照中古平上去入各分阴阳的次序排列，以幻灯片的形式展现例字，每个例字读两遍，每遍之间稍有一至两秒的间隔。录音用Praat，单声道，采样率为44100Hz。录音时对发音速度与质量，以及音强都有考虑和控

制，以取得最佳录音效果。字表录音开始前，为消除发音人紧张感以获得发音自然的语料，调查人用当地方言与发音人略作交谈。最后我们对有效例字进行声学分析，先在 Praat 上对声调类型的始末进行标注，通过脚本测量每个标注段上 11 个点的基频值，将结果导入 Excel 进行统计分析，之后按类将声调进行合并，进行 Log Z－Score 的归一化处理，画出每个发音人的声调曲线图。

新合村各发音人的声调系统大体一致，内部稍有差异，主要是上声发生了变异，因此可以分为新老两派，大致上与年龄相符。老派包括四个中老年（F1，F2，M1，M2）和一个青年（M6），新派包括其余五个青年（F3，F4，M3，M4，M5）。老派有六个声调（阴、阳平，上，去，阴、阳入），分属上、常两个声域，上域实现为假声或张声。上域中有阳平和阳入两个声调；常态发声的常域包括其余四个声调。新派也有六个声调，五个与老派相同，仅上声稍有不同，由此引出一些共时对立问题。下文先分析老派调系，再探讨新派上声问题，然后讨论两个发声态问题，最后调型定位。

一、时长

据经验观察，江淮官话的单字调时长都较短，说话听上去语速较快。以下新合话时长数据表（见表 2）能说明这一点：十个发音人六个声调的总平均时长只有 193ms，在粤语里这就是中短的时长。[8]324－338 平均而言，只有三个人（M3－M5）超过 200ms，M4 最长，也不过 270ms；另两位只是刚超过 200ms。发音人中最短的M1均长不足150ms，相当于其他方言中短调的下限。T2时长与拱形相关，T2老派昂调，时长较短，新派凹调，长出好多。

表2 新合话时长数据表

ms	F1	F2	M1	M2	M6	F3	F4	M3	M4	M5	总
1a	195	203	131	189	218	230	172	250	257	236	208
1b	171	175	166	246	243	229	235	238	328	216	225
T2	213	190	266	286	270	334	341	330	466	386	308
T3	168	174	137	199	193	174	144	227	219	217	185
4a	100	103	78	133	106	85	92	121	156	119	109
4b	105	115	79	110	116	121	127	112	194	117	120
m	159	160	143	194	191	195	185	213	270	215	193
归一	F1	F2	M1	M2	M6	F3	F4	M3	M4	M5	总
1a	1.23	1.27	0.92	0.98	1.14	1.18	0.93	1.17	0.95	1.10	1.09
1b	1.08	1.09	1.16	1.27	1.27	1.17	1.27	1.12	1.21	1.00	1.17
T2	1.35	1.19	1.87	1.47	1.42	1.71	1.84	1.55	1.73	1.79	1.59
T3	1.06	1.08	0.96	1.03	1.01	0.89	0.78	1.07	0.81	1.01	0.97
4a	0.63	0.64	0.54	0.69	0.55	0.44	0.50	0.57	0.58	0.55	0.57
4b	0.66	0.72	0.55	0.57	0.61	0.62	0.69	0.52	0.72	0.54	0.62

表格上半部分以毫秒计量时长，下半部分是自我归一（self-normalization）后的时长，单位是个人六个声调的均值（m）。归一时长显示出声调的时长格局，有利于进行人际比较，以下基频图均使用归一时长。

二、老派双域六调

老派五位发音人都是双域六调系统，其中女 2 阳平有个变体。下面给出个人的声调曲线图，“1，2，3，4”分别代表平上去入，“a，b”代表阴阳。竖轴是 LZ 归一化后的量度，横轴是以各人六个声调均长为单位的归一时长。[15] 例如图 1 中的女 1 时长单位 1 = 159，对照表 2 可知，女 1 六个声调的平均时长是 159ms，图中时长标度就以此为单位。最年长的女 1 作为重点描写对象，她的六个声调放在两个小图中，分别代表上域和常域。为节省篇幅，其他人的六个声调都放在一张图里。

女 1：六个声调的基频曲线见图 1 左。第一张小图是上域，其中有阳平 {46} 和阳入 {66} 两个声调，都带假声。阳入短高调，有喉塞尾，少数字失去喉塞尾，拖长了假声，并入了阳平（假声上域调将在后文中详细讨论）。常域有四个声调：阴平是最低降拱 {32}，属纯低调 |22|；上声是中升 {24}；去声高降 {53}，属于高降型 |52|；阴入短高降 {50}，绝大部分例字以喉堵收尾，少数字如“尺切滴”为喉塞尾。以上是拱形亦即调值描写，这些拱形的归属，也就是他们的调型定位（见后文）。

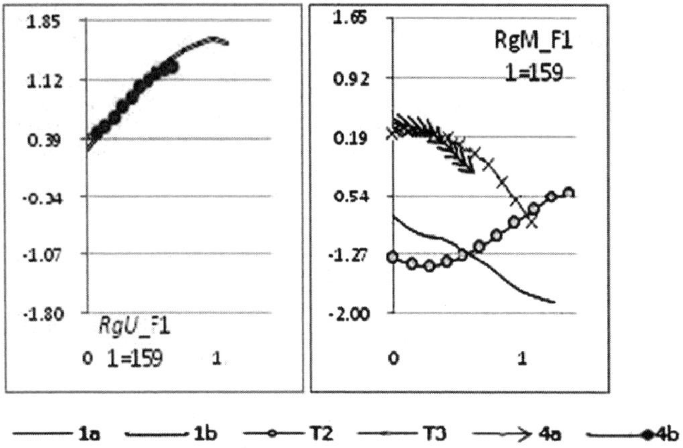

图 1　老派双域六调基频图（女 1）

其余四人的声调格局与女 1 相同，阳平和阳入都是上域假声或张声调，拱形基本上相同，阳平是｛46/56｝，属上域高升型｜46｜，阳入是短调｛66/55｝，属上域短高型｜66｜。常域也是四个调，阴平低降拱｛32｝，属纯低型；上声中升拱｛24｝或微升拱｛34｝（女 2），男 1 还有前凹拱｛324｝变体，属中升型｜24｜；去声高降拱｛52｝或｛53｝（男 1、男 2），属高降型｜52｜。

阴入调尾有明显喉堵态｛50｝，听感上是个降调，属短降型｜52｜。男 1 个别字“竹得切脱”是喉塞尾。男 2 少数字是嘎裂尾。女 2 个别字长化为中短调，如“脱”字有 170ms，归一时长为 1.06，已长于女 2 本人六个声调的平均时长，她的舒声长调也就 200ms 上下。

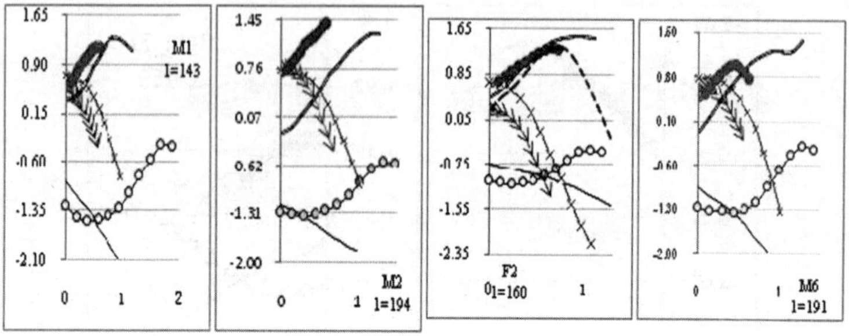

图 2　老派双域六调基频图：［左起］男 1，男 2，女 2，男 6

女 2 的总体格局与老派其余人相同，不过，她的阳平有个变体 1b’（见图中断线），部分例字读成凸拱｛564｝，高拐点在时长 50%～60% 处。此拱形介于后凸升｛3 54｝和高弯降｛453｝之间。这预示着一个潜在的升降转换的演变方向：由高升 > 后凸升 > 高弯降 > 高降。

三、新派的上声

新派口音的五个青年（女 3－4，男 3－5）也是六个声调，其中五个与老派相同，假声上域有阳平高升｛46｝和阳入短高调｛66/55｝。三个在常域，去声高降｛52｝；阴平是最低降拱｛32｝，属纯低调。阴入调尾喉堵，听感上是个降调｛50/40｝，属短降型｜52｜，个别字如“竹得”并入阳入。

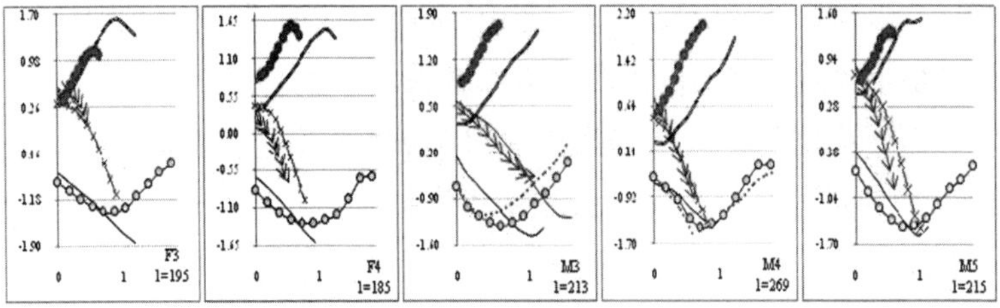

图3 新派声调拱形走向基频图

新派唯一跟老派不同的是上声：老派是中升｛24｝，新派是央凹｛323｝。拱形｛323｝有两个身份，一个是凹型类中的央凹型|323|，另一个是纯低型的语音实现之一——低凹拱｛323｝。作为低凹拱，它可能会跟阴平最低降｛32｝起冲突，不过，我们曾提到，如满足两个条件可以有最低降和低凹拱（或低升拱）同现：一是在变动过程中，二是两个调拱都表现稳定，没有窜位情况。新派新合话中阴平全部实现为最低降｛32｝，没有其他形式；而上声全部为凹拱（少量升拱），没有和阴平窜位情况。新派上声有些变体（见图3中M3和M4的两条点线），如男3上声有央凹T2d｛323｝和前凹T2r｛324｝（其中近一半是昂调）两个变体，像是从老派昂调向新派凹调的过渡。又如男4上声带有僵声，一半嘎裂，一半弱僵。此外，女3和女4上声听感有气声感，可能用来辅助区别，不过经检验只有女4上声H值显著大于阴平。

相对而言，在阴平和上声这两个低调中，老派没有气声性或很弱（女2），新派气声性较强（除了男4），例如男3和男5上声基频能量很大，但他们的阴平H值也大。这种情况只能说明低调容易引发气声，发低调时声带松弛，容易漏缝，致使声门闭相期有气流溢出，从而引发气声。至于气声将来是否会成为区别特征，目前很难预测，目前能预测的是普通话影响将会越来越大。

需要指出的是，从老派昂调到新派凹调不是突变而成，而是连续的。上文提到新派有前凹和昂调变体，而老派上声也有前凹调变体，如下图 4 所示。前凹调在音法演化中作为凹调到昂调的过渡状态。[12]1-19

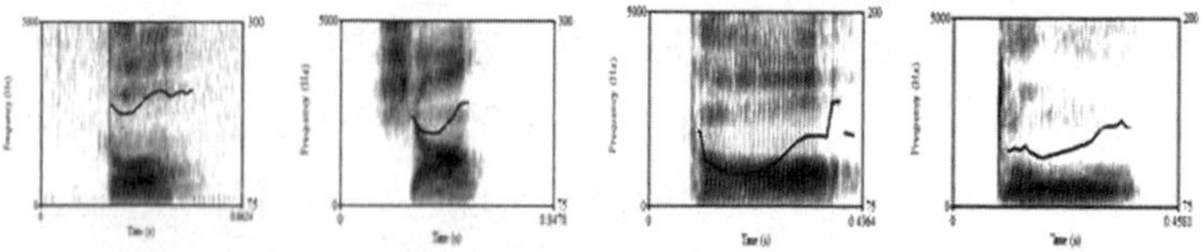

女 2 “岛” tɔ$_2$　女 1 “响” ɕaŋ$_2$　男 2 “岛” tɔ$_2$　男 1 “短” tũ$_2$

图 4　老派上声的前凹变体（左 2）**和双折变体**（右 2）**图**

四、假声上域调

泰如片从北到南，存在假声上域调的不在少数，如兴化、大丰、东台等[5]149-157，这可以看作一个显著的区域特征。假声发声时声带横向、中部、内收都处于紧张状态[17]329，声学特征是超出发音人常态基频范围，听上去有尖利感。新合话不论老派还是新派，阳平和阳入都是带假声的上域调。图 5 给出几个例子：女 1 “敌” 字，高达 516 Hz，“薄” 字稍低，361 Hz，女 1 的常声上限在 300 Hz 以下，但最高的阳入峰点达 543 Hz，超过 High C。男 2 的常声范围在 88～192 Hz 之间，“木” 字达 269 Hz。这些假声字的尖利感都能被感知到。

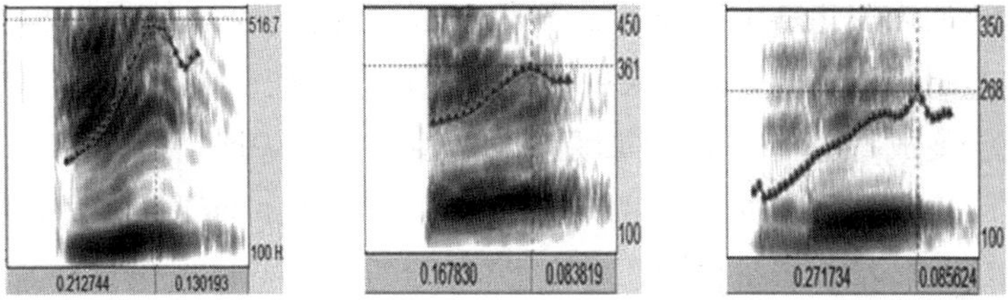

女 1 “敌” tiʔ$_{4b}$　　女 1 “薄” pɑʔ$_{4b}$　　男 2 “木” moʔ$_{4b}$

图 5　阳入假声例字图

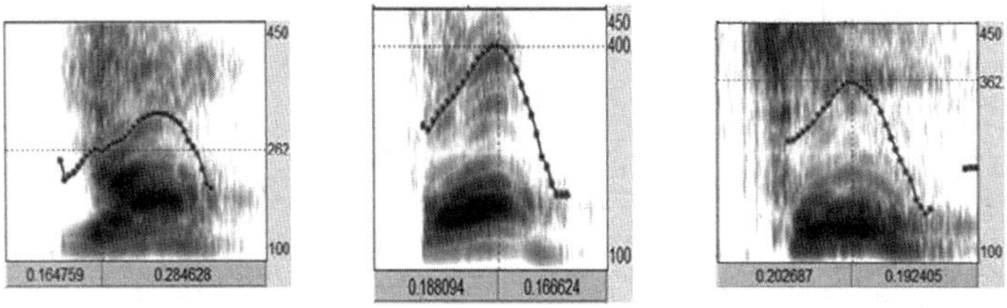

女 2 “羊” jaŋ$_{1b}$　　女 2 “房” faŋ$_{1b}$　　女 2 “穷” tshuŋ$_{1b}$

图 6　阳平例字图

不过，不是每个发音人都是假声显著的，如男 6 和男 4 以张声为主，假声字较少，男 4 还有小部分字只是一般高调。

阳平是高升调｛46｝，并带着一条长长的没什么听感的降尾。从女 2 三个阳平曲线来看，最高的拐点有靠后，是后凸升型；也有较靠前的，是弯降型。在这些连续的凸拱形中，假声的高点是语言学目标，过了这个高点之后，声带放松形成降尾。我们重建的古上声就带有假声，上域高凸升调，附带听感不明显的降尾，并假定浊上变去就是从后凸升的降尾逐渐显化而变成降调的过程。[14]1-19[16]160-168 李德超证实了这一假说，他发现南部吴语中存在从后凸升调到前凸的弯降调的连续性共时材料，构成浊上变去的整个连续过程。新合方言出现的阳平拐点前后不同的凸拱变体，处于假声演化链中比较早的环节，大部分例字是后凸升｛3 54｝，少数高弯降｛453｝。如果后者的降尾显化，听感上有了感知，那就会变成高弯降。这几乎就是中古全浊变去的一个迷你现实版。

泰如片假声的来源可能是自发产生的，也可能是古吴语残留的底层特征，若是自发产生可能与入声阴低阳高的演化有关。由于阴入的僵声尾使得音高下降，从而与阳入有冲突，阳入为避免与阴入合流，从而张声尾提高音高。一种有效的提高方式，就是与张声尾同时合用假声。

五、入声阴低阳高

新合话不管新老派，入声都是阴低阳高，这种现象初看有点奇怪。汉语方言声调的阴阳对立来源于中古常声 vs 气声（即清浊）。从语音学角度看，常声即清声母阴调音高较高，气声即浊声母阳调较低，因此，气声消失（浊音清化）后的声调应呈现阴高阳低的格局，就像粤语中的情况。由于官话中气声消失发生得早，最早在北宋《皇极经世》中已见端倪[1]25-31，失去常/气制约的阴阳调就只有名义上的区别，而无实质差别，“因此，在浊音清化后，阴调能发生多少种变化，阳调照样也能；阴调在现代方言中有多少种表现形式，阳调也同样可以有。反之也一样”[13]145-154。也就是说，在只有常态发声的方言中，要么阴高阳低保留中古格局，要么阴阳调和高低调的对应是随机的。如果在一个方言区内，系统地出现阴低阳高现象，那么就有可能出现其他制约因素，导致原先的阴高阳低“翻转（flip-flop）”为阴低阳高。“翻转”这个概念最早由王士元[18]93-105提出，指的是两个音发生了对换翻转的突变。Hong Ying[19]、朱晓农等[7]115-128[22][8]324-338发现潮州方言阴入与嘎裂声相关而阳入为张声，并假定翻转是由不同发声态引发的基频渐变，阴入逐渐降低而阳入逐渐升高。张静芬、朱晓农用实验数据证明了潮汕话阴阳入的区别是发声态的区别，又用阴阳入的音高连续变化材料来证明音高的实际演变过程不是突然的翻转，而是一个渐变过程。[2]15-27

入声的阴低阳高，除了闽南话，还可以在客家、秦晋、江淮方言中看到。泰如方言除了兴化、大丰外，其他如东台、南通、如东掘港、如东河口、如皋、海安等入声都是阴低阳高。[5]149-157新合话与大部分泰如方言相同，入声也是阴低阳高。阳入基本上保留喉塞尾并带有假声，听感上是个超高的昂调。阴入调尾带有僵声，主要是喉堵，间或是嘎裂，听感上是个低调，稍有降感，这是因为太短而升降听感不明显。喉堵是一种比嘎裂声更强的僵声，它强烈挤紧声带，快速堵塞住发声。图7给出四个阴入例字，左起两个调尾都有喉堵，时长都不足100ms。有时喉下压力不足，会产生一种弱喉堵或嘎裂声（见图7左三），听感上没有那样紧，但也能明显感觉到喉门的紧闭。第四个例字女2的“竹”，喉堵几乎消失，语图与听感都接近于舒声调，时长140ms，已开始长化，达到她个人的中短调程度（归一时长0.88）。

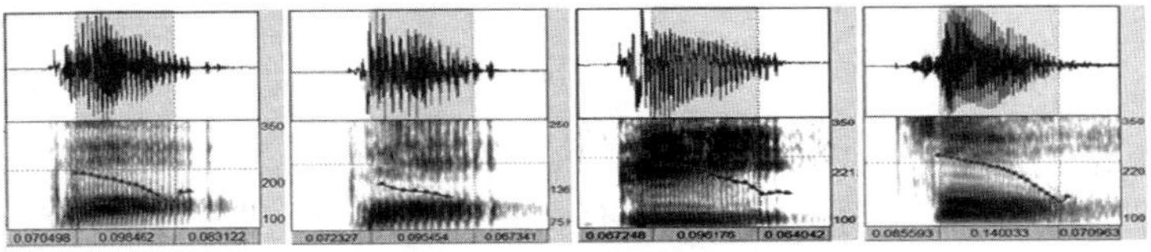

F4“剥”$pɑ_{4a}$　M1“剥”$pɑ_{4a}$　F4“笔”pie_{4a}　F2“竹”$tsuɔ_{4a}$

图7　阴入喉堵例字

阳入的发声态为假声或张声（例见图5）。阴入跟阳入的发声态区别，还可以从CPP（Cepstral Peak Prominence，倒频谱峰值突显）、Energy（能量）、H1－H2、H2－H4、H1－A1、H1－A2和H1－A3这7个声学参数进行考察。我们用VoiceSauce软件获取数据，阴入样本16个例字，阳入18个，每个例字的数据采用总时长上的平均值，并进行显著性检验，结果如下表。

表3　新合村发音人阴入、阳入的声学参数检验表

	1. CPP	2. Energy	3. H1-H2	4. H2-H4	5. H1-A1	6. H1-A2	7. H1-A3
男1	**	**	NS	NS	NS	NS	NS
男2	*	**	NS	NS	NS	NS	*
女1	NS	*	NS	NS	NS	NS	NS
女2	*	**	NS	NS	NS	NS	NS
男6	**	NS	NS	NS	NS	NS	NS
女3	NS	*	NS	*	NS	NS	NS
女4	***	***	***	NS	***	***	**
男3	NS	*	***	NS	NS	NS	*
男4	NS	**	***	**	NS	NS	**
男5	**	NS	***	NS	NS	NS	NS

（显著性水平：0.05；显著性代码：***：p＜0.001，0.001≤**＜0.01，0.01≤*＜0.05，NS＝无显著区别）

检验结果显示，本实验中区别僵声阴入和假声阳入的最有效参数是Energy，10位发音人中有8位有显著差异。排在第二位的参数是CPP，有6位发音人有显著性差异。CPP数值大表示周期性强，反之则噪声强。僵声喉堵的周期性信号较弱，其倒频谱的峰值就较小。从发音人角度看，女1男6/女2男1女3男5/

男2男3/男4/女4，分别有一/二/三/四/六个参数具有显著性差异。潮汕话僵声阴入 vs 张声阳入，最有效的区别参数是 CPP，H1－H2 次之。[2]15-27靖江新合话中对比于僵声的主要是假声，所以声学表征有所不同，当然也可能发音人的发声策略有所不同。

新合村方言的阴入是发声态先发生变化，也就是阴入从原来的喉塞尾变为喉堵或者嘎裂，造成阴入听感上是个急促的降调。阴入低化的同时也推动了阳入声调的高化，使得新合方言的阳入由张声喉塞尾变成假声。阴入、阳入的拱形分别像是短版的去声和阳平，一旦舒化，便会分别并入后者。阴入舒化如女2、女3的“脱铁”等字已并入去声；女2“铁”字长 170 ms（归一时长 0.80）（见图8左），接近于去声（归一时长 1.08）。阳入也有舒化的，如下男4“十”字 250ms（归一时长 0.93）（见图8右），并入阳平（归一时长 1.20）。

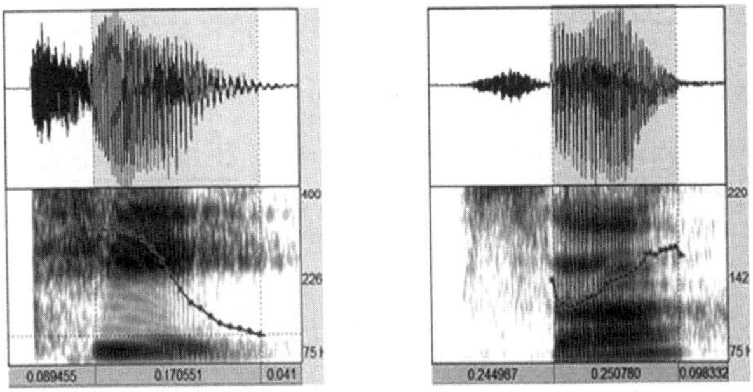

女2“铁”thie$_{4a}$　　　男4“十”səʔ$_{4b}$

图8　舒化的入声字

从图2和图3可以看到，无论是新派还是老派，阳入跟阴入调头接近，阳入短高升，阴入短高降，阴入低阳入高，两条曲线构成一个喇叭口。据张静芬、朱晓农[2]15－27研究，潮汕方言入声经历了以下四个阶段的翻转演化：

> ①标准型：阴高阳低→②交叉型：音高相当，阴中降阳中升→③喇叭型：阴低阳高，阴低降阳高升→④完成型：阴低阳高，曲拱多样

跟潮汕闽语一样，新合方言入声阴高阳低变为阴低阳高，也是一个语音连续变化的过程。假定新合入声的早期格局是阴高阳低，后来由于调尾发声态的作用，阴入喉塞尾变为喉堵或者嘎裂，压低了阴入的音高。此时，为增加与阴入的区别度，阳入调尾张声喉塞加强，基频提高，引发了假声，音高进一步抬高。这就是现在看到的阳高升、阴高或中降的格局，也是上述阴阳翻转四阶段中差不多过了第二阶段交叉型（仅 M6 和 F3 调头稍有交叉），进入第三阶段喇叭型。在僵声作用下，阴入有可能继续被压低成为低短调，而阳入在假/张声作用下可能成为超高短调。F2、F4、M3 的两个入声调头已明显脱离，开始进入第四阶段，即将完成阴阳高低的翻转。到第四阶段，拱度一般不再起区别作用，仅高度起作用。

六、调型定位

现在我们在通用调型库中来为新老两派的声调定位。图 9 左边两幅小图为老派五人六个声调的均线，右边两幅小图为新派五人六个声调的均线。两派六个声调所属的声域和调型代码见表 4，短调加下画线。

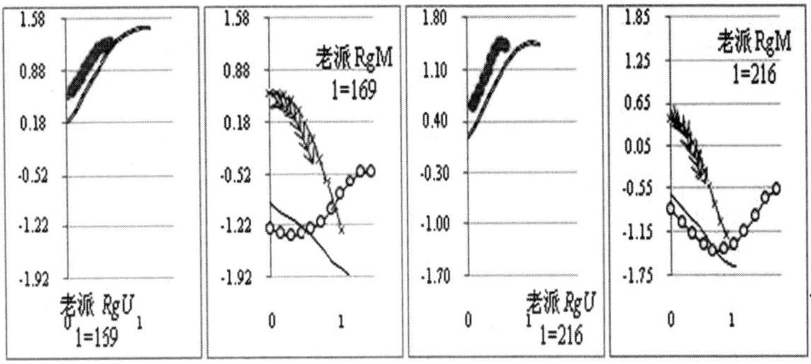

图 9　靖江新合村老派（左 2）和新派（右 2）声调的基频走向图

表 4　老派和新派六个声调所属调型和调型代码

上域	阳平 46			阳入66
常域	阴平 22	上声 24/323	去声 52	阴入52

新老派 6 个声调中有 5 个相同。上域调各 2 个：阳平为高升型｜66｜，阳入短高型｜66｜。常域有 3 个相同：阴平纯低型｜22｜，语音实现为低降拱｛32｝；去声高降型｜52｜，语音实现为｛52｝或｛53｝；阴入短降型｜52｜，语音大多实现为喉堵尾的｛50｝。唯一区别点在于：老派上声是常域中升型｜24｜，而新派上声是央凹调｜323｜。

语音实现（即调拱或调值）围绕着调型有一定程度的变异，重要的是确定这些调值在通用调型库中的位置，即辨认出调型。靖江新合话声调新老派各有 6 种调型，合在一起共 7 种，他们在通用调型库中的位置见表 5 阴影处。长调型 5 种：高域 1 个，常域 4 个。短调型 2 种：上域 1 个，常域 1 个。

表 5　新合声调在通用调型库中的位置表

		长					中短	短	变体
拱度	拱型/调型狭义	上域	常域	下域	调型	上域	常域	下域	常域长调
非拱	纯低		22	**11**	纯低		(22)	**11**	{22,32,323,23}
平	高平	66	55		高	66	5 5	(**4 4**)	{**45**,**55**^{4},**54**}
–升	中平		**44**	**33**	中		44 44	**33**	{44^3,43}
–降	低平		33	**22**	低		3 3	(**2 2**)	{**33**^{2},**32**}
	高降	**63**	**52**	**40**	降	63	52 52		{53}
	中降		42	**31**			(4 2)		{43}
降	高微降		54						{43}
	中微降		43						
–升	高弯降		552	**341**					{553,452}
+降	中弯降		342	**231**	弯降			**231**	{442,332}
	高升	46	35	**24**	升	46	3 5	(**2 4**)	{**25**}
升	中升	**35**	**24**	**13**			(2 4)	**13**	{2 43}
+升	微升		45	**23**					{45}
–降	后凸升		3 54						{3 53,2 43}
	前凹		324	**213**	凹				{325}
凹	央凹	404	323	**202**			323	(**303**)	{303,223,324}

续表

+升	后凹		5 23						{4 23}
+降	两折		4242						{5232,3242}
总	49 = 35 + 14	5	18	**12**		3	7	**4**	

作为官话，靖江新合方言有六个调类，这已经是相当少见的了，更罕见的是它还有特殊发声态构成的上域和下域。

结　语

本文使用十位发音人语音材料，详细考察江淮官话泰如片最南部的靖江市新桥镇新合村方言的声调及发声特征。新合话有六个调类，分属上域调和常域调：阳平和阳入为假声上域调，阴平、上声、去声、阴入为常域调。

本文的首要意义在于发现泰如片中又一个由假声引起的上常分域调系。分域调系一般出现于吴赣湘和苗瑶侗台缅彝语中，在中原官话邻近江淮官话一带也有零星发现，如寿县、铜山、徐州、赣榆的常下双域调系，东海和连云港的上常双域调系。[3]193-199[11]1-15江淮官话泰如片北部的兴化（阴去和阴入）、大丰（阳平和阳入）、东台（阳平）也有上常双域调系，[4]166-173[5]149-157[10]44-52这次在南部的靖江新合村也发现上域调。对此有两种解释：一是假声上域调是泰如片一个曾经的区域特征，现只剩下南北两端还留存，而在中部的泰州，如皋到东南部的如东、扬州已经消失。不过这种解释有个困难，兴化的假声调是阴去和阴入，新合、大丰、东台是阳平和阳入，调类不同，则不完全来自共同的祖语。更无法说是接触，因为新合和另三处不相邻。所以，在没有进一步证据的情况下，另一种解释泰如片南北两端的假声是独立自发后起的现象，似乎更加合理。

本文的另一个意义是统一解释了南北普遍存在的入声阴低阳高的现象。入声阴低阳高现象北起山西，南至广东，新合话亦如此。跟潮汕闽语[2]15-27[7]115-128和梅州客家话[9]1-8一样，新合话入声阴低阳高格局是由发声态变化引起的。早期新合话的入声应该和其他方言一样，是阴高阳低。现在它的阴入主要是僵声尾（大多喉堵态，少量嘎裂声），听感上是个短降调。僵声应该是造成阴入音高下降的原因。阴入低化的同时推动了带有张声喉塞尾的阳入音高的提升，这可能是新合阳入由张声喉塞尾变成假声的原因之一。

新合话内部相当一致，稍有不同的是上声的变异。所有中老年和个别青年发音人的老派上声是个中升调｛24｝，大部分青年发音人的新派上声是个央凹调｛323｝。这个央凹调有多种发声态变异形式，有两位增生了气声，一位增生了嘎裂声，可以认为是使用了辅助手段来区分两个低调。由于阴平是个语音上实现为最低降｛32｝的纯低调，新派上声央凹调｛323｝的变异有可能引起同一声域的纯低调冲突。本文解释了这一声调类型学禁制的条件。新派调系暂不需要设置一个下域，因为一方面还有两个发音人上声没有特殊发声态，另一方面表现稳定的央凹调可以与表现稳定的最低降构成对立。

参考文献：

［1］麦耘．“浊音清化”分化的语音条件试释［J］．语言研究（增

刊), 1998.

[2] 张静芬, 朱晓农. 潮汕入声: 从阴高阳低到阴低阳高 [J]. 语言研究, 2018 (4).

[3] 章婷, 朱晓农. 苏北连云港方言的三域声调系统——普通发声态与张声、嘎裂声 [J]. 方言, 2012 (3).

[4] 章婷, 朱晓农. 兴化双域七调: 调型格局和发声态演化 [J]. 南京师大文学院学报, 2014 (4).

[5] 章婷, 朱晓农, 朱瑛. 江淮官话泰如片声调类型研究 [J]. 南京师大文学院学报, 2015 (4).

[6] 中国社会科学院, 澳大利亚人文科学院. 中国语言地图集 (第2版) [M]. 香港: 朗文出版 (远东) 有限公司, 1987.

[7] 朱晓农, 洪英. 潮州话入声的阴低阳高 [J]. 中国语言学集刊 (第四辑), 2009.

[8] 朱晓农, 焦磊, 严至诚, 等. 入声演化三途 [J]. 中国语文, 2008 (4).

[9] 朱晓农, 李菲. 梅州客方言的双向声调大链移——以演化比较法重建常观演化史一例 [J]. 语文研究, 2016 (4).

[10] 朱晓农, 朱瑛, 章婷. 边缘吴语: 通泰方言案例 [M] //郑伟 (编), 边界方言语音与音系演变论集. 上海: 中西书局, 2016.

[11] 朱晓农, 张瀛月. 东部中原官话的声调类型 [J]. 语言研究, 2016 (3).

[12] 朱晓农. 降调的种类 [J]. 语言研究, 2012 (2).

[13] 朱晓农. 声调笔记五则 [M] //音韵研究. 北京: 商务印书馆, 2006.

[14] 朱晓农. 声调起因于发声 [J]. 语言研究集刊, 2009.

[15] 朱晓农. 上海声调实验录 [M]. 上海: 上海教育出版社, 2005.

[16] 朱晓农. 证早期上声带假声 [J]. 中国语文, 2007 (2).

[17] HOLLIEN H. Three major vocal registers: a proposal [J]. Proceedings of the 7th International Congress of phonetic Sciences. 1971.

[18] Wang Shiyuag. Phonological Features of Tone [J]. International Journal of American Linguistics, 33 (2), 1967.

[19] Hong Ying. Phonation Types in the Entering Tone Syllable of Chaozhou Dialect [J]. The Hong Kong University of Technology and Science, 2009.

（作者地址：唐留芳，中央民族大学少数民族语言文学院，北京 100081；朱晓农，江苏师范大学语言科学与艺术学院，徐州 221116）

湖北黄陂方言的新词和旧词①

黄树先②

摘　要　本文以黄陂方言为例，讨论方言里的新词和旧词。方言的新词，是如何产生和传播的，可以传播到多大范围；新词如何逐渐为整个方言区域的人所接受；大型方言词典应该收录哪些方言词语，均与这个话题有关。旧词的消失，在有文献记载的通用语言里，研究并不困难，在缺少记载的方言里，地名是记录一个方言旧词的最好载体。本文对方言新词的讨论，对于词语如何约定俗成，为全民所使用有一定的启示。

关键词　黄陂方言　新词　旧词

---

①　基金项目：本文是国家社科基金“冷门‘绝学’和国别史等研究专项”“汉藏语基本词词库建设”（项目编号：2018VJX074）阶段性成果。本文曾以《方言研究三题》为题，在第十八届全国近代汉语学术研讨会（武汉·2018年10月27—28日）上宣读。

②　作者简介：黄树先，首都师范大学文学院教授，研究方向是历史语言学。

语言有新词和旧词，新词如何产生和传播，以往关注比较少。这个话题，对于我们认清语言里词语的起源、传播有一定的价值。在有文献的通用语言里，旧词的收集和研究比较容易，有较为一致的做法；新词的产生，包括较为确切的产生年代，也比较容易判断。可是，方言里的新词和旧词，因为缺少记载，如何收集，怎样研究，是一个值得研究的课题。本文以黄陂话为例，对方言里的新词和旧词作粗浅的探究。

一、新词：从一个人的语言说起

语言是民族的交际工具，按照一般的说法，语言是约定俗成的。一个民族的语言，如何约定？某一个语言形式，从什么地方开始兴起，然后如何逐步扩散，扩散到多大的范围？这些都是饶有兴趣的问题，值得探讨。从历史语言学看，这个问题似乎茫然，无从索解。我们换一个角度，从方言切入，也许有不少的启示。

从理论上讲，任何一个语言的形式，包括词语，都应该是从某些个体首先使用，然后逐渐向外一层一层地扩散的。扩散的结果，是这些语言形式成为一个社团乃至全民族的通用语言。

词语的起源，以及扩散流布，不仅是学术问题，还有很现实的实用性。最近几年笔者一直致力于收集黄陂方言词语，试图编纂一本详细的方言词典。哪些是黄陂方言的词语？哪些词应该收进来？那些通行范围极小的词语该不该收进去？所有这些问题，均非易事，让人颇费思量。

随着社会生活的变化，方言里旧有的词语消失，一批批新词不断产生。比如“卖犁辕”，是旧时黄陂方言一个很常用的词语。1949年以前，贫穷农民没有自己的田地，只得做长工，给人帮工种田，俗称“卖犁辕”。这个词在1949年以后就基本不用了，遂成为历史词语。20世纪五六十年代时兴忆苦思甜，旧社会的长工会应邀到学校做报告，黄陂北乡胡家田一个学生问老长工：“你哪的有那多犁辕卖呢？”她把“卖犁辕”理解为贩卖犁辕。家乡老人不时说起此事，至今传为笑话。可见“卖犁辕”这个词在五六十年前就已经停止使用了。

“卖犁辕”伴随着分田分地而消失，成为方言里的历史词。改革开放以后，农民离开土地，外出给人打工，“卖工”一词又出现了。“卖工”就是打工，诸如建筑房屋、进厂工作，不是耕种田地。

1958年农村实行人民公社制，公社设生产大队，简称“大队”，大队下设“小队”。这里“队”字读 tei^{35}，跟原先的“县大队”的“队” ti^{35}读音不同。

女人又叫“妇联”，这个词应该在20世纪50年代就有了。先师杨潜斋教授的《语言学》写于50年代，文中就举了“妇联”这个例子。[11]

神牛牌农用车在20世纪八九十年代，十分流行，一段时间“神牛”成为农用车的代名词。

卫生纸叫“草纸”，也说“揩屁股纸”。以前农村难得有专用卫生纸，也没有专门的词，俗语有“乡的伢，生得苦，石头瓦片揩屁股”的说法。

这些新词是如何率先产生的，又是如何传播开来的，能传播多大范围？值得我们研究。

与之相关的问题是：一个方言到底有多少词语？一个没有受过多少教育的人，大约可以掌握多少词语？房德里耶斯引用缪勒的说法——有人认为，英国文盲农民的词汇不超过300个，而他却认为，农民、工人或者没有文化的人只使用几百个词，是一种神奇的说法。[2]223-228这种说法事实上是没有根据的。布龙菲尔德也说，以人们所能统计的词而论，每一个成年人至少使用大约20000到30000个词。如果他受过教育——也就是说，如果他懂得一些专门术语和古雅的词语——他用的词还要多得多。此外，每一个人知道的词要比他所运用的也要多。[1]349按照房德里耶斯、布龙菲尔德的说法，一个人的词汇量是相当可观的。

大型词典收录的词语，有比较多的是通行范围很狭小的词语。比如，《汉语大词典》收录词条【造牓天】：唐光启二年时，对六月酷暑发榜之日的戏称。《新唐书·陆扆传》："始，得举进士时，方迁幸，而六月牓出。至是，每甚暑，它学士辄戏曰：'造牓天也。'以讥扆进非其时。"[8]新版《辞源》亦收这个词。传统的语文词典，一般以文献为线索来收集词语，对于有一定影响的文献，出现的词语大致可以收录进去。同时，语文词典的编纂有一定的目标，操作性强。而方言词典因为缺少文献，词语的采集、鉴别就比较困难。并且方言词典的性质和定位，研究也不深入，给词典的编写带来不少麻烦。[5]

方言的词语，产生的时间大多不能确指，通行的范围也大多缺乏系统的调查，又因为没有详细的文献记载，新词的产生无法做深入研究。如果一个方言区词语的产生和数量研究得很不够，在这样的情况下，编纂方言词典就有很多困难，哪些词语应该收进方言词典，就很值得研究。我们先从方言词语的产生说起。

（一）一个人的语言

从语言的使用来看，应该存在一个人的语言形式。某些语言形式从一个人开始使用，这些语言可能昙花一现，并没有流行。我的母亲是农村家庭妇女，没有进过学堂，多年前她老人家进城在我家小住，看到我桌子上的鼠标，自然叫不出名字，但也用一个名称来称呼它："你快点过来，伢待弄你桌子高头的八卦。""八卦"是黄陂方言，指乌龟。母亲只知道这个东西跟乡间的乌龟大小形状相似，但她不知道这个东西也跟老鼠相似，英文叫mouse，中文翻译成"鼠标"。也许，用黑乎乎、行动迟缓、喜欢龟缩的乌龟来命名鼠标，可能更合适。但母亲的这一"命名"，只有她一个人偶尔使用，也许只使用了这一次，受听者也只有她儿子一个人。由于只使用了这一回，用"八卦"（乌龟）给鼠标命名宣告失败，无法推广。方言里的其他词语，我们推想也应该是从一个人的语言开始，逐渐推广传播开来的。只是，我们大多不能确定某个词是谁在什么情况下发明出来的。

一个人的语言，也可能推广到一个家庭。武汉不南不北，尽管冬天时寒冷异常，可是终究也没有暖气。为了抵御寒冷，家中也会备一个取暖器。"取暖器"也叫"采暖器"，"取暖器"的说法更加通行。我们家的取暖器，先前也跟着别人叫"取暖器"。儿子出生后，天冷也离不开取暖器，但他不会说取暖器，就给它取了一个新名字"烤热器"。取暖器的功能类似于传统的烤火，给人带来温热，这是孩子命名的理据。从此以后，在家中烤热器成为通行的说法，我自己觉得"烤热器"也比"取暖器"更温馨。

有通行于一家的用语，"啊购"指孩子吃奶，这个词语一度是我家的高频词，并逐渐在亲友之间蔓延，若干年后还会偶尔提到“啊购”，孩子长大，“啊购”就成为历史词。语言群体有废弃的历史词，一个家庭也有历史词。

孩子的语言，大家觉得可爱，容易通行。可是老人的语言，有时就不太能通行。我岳母把警犬叫“公安狗”，子女听后笑笑，终究也没有将“警犬”取代。

孩子的误用，大多也不太可能推广。父母天天命令孩子，你要如何如何，你要怎样怎样，孩子以为他本人就是“你”，当成第一人称误用。父亲责罚了孩子，孩子就跟母亲哭诉：“嗯，嗯，嗯，爸爸打你!”这里的“打你”自然指“打我”，但因为你我是不能混用的，这种孩子创新的用语，最终没有在家庭中推行。

孩子第一人称的习得错误，可能会延续到他比较大的时候。鄂东乡下有一则笑话，讲的正是第一人称的误用。孩子六七岁启蒙读书时，老师教《百家姓》“赵钱孙李”，鄂东方言“孙李”跟“生你”同音，老师读“赵钱孙李”，学生念“赵钱生我”，老师为了纠正，念“赵钱生我”，学生念“赵钱生先生”。甚至个别人成年后仍不能纠正第一人称习得的误用，《郁达夫外传》[9]就记载了一个成年人第一人称不能正确使用的故事。

一个民族的语言，词汇的推广，权威人物的话、文学作品中的词语容易推行，方言里孩子、老人新创的词语，大家的接受态度会不一样。这是个很有意思的语言现象。

（二）两个人的语言

有通行于两个人之间的用语。《聊斋志异》描写了夫妻共用的暗语——“鼠子动矣”“看群鸭儿飞上天耶”“馋猧儿欲吃猫子腥耶”。夫妻之间的趣语，量大生动，不乏语言学价值。

（三）一个自然村的语言

有通行于一个村子的用语。黄陂方言中“杨柳树”特指垂杨，是常见树木，多栽种在池塘沟渠边，春天插上枝条即可成活，也作姓氏，由此引申为地名，塔尔“胡家田”东边原有个“杨家田”湾，夏家寺水库建成后搬迁到三里桥。在20世纪70年代，杨家田两头牛触架，有人拿屎耙将打架的牛弄开，在这两个湾子流传一个俗语“杨家田打架——得你一屎耙”，某人吹嘘自己有功劳，就可能会听到这句俏皮话。这是通行于一个村子的用语，是流行区域很小的语言表达。这句话只在这个村子某个时期使用，随着老人的故去，知晓的人越来越少。

（四）一个乡镇的语言

也有通行于一个乡镇的用语。“三洋”“羊子”，20世纪80年代流行于塔尔一带。“三洋”是日本牌子的收录机，当时这种牌子的录放机在黄陂流行，收录机就被称作“三洋”，也叫“羊子”。“木兰山的菩萨，应远不应近”的说法通行于木兰山一带，通行范围比一个乡镇要大得多。

“坐虎”，流行亦广。20世纪六七十年代一直到80年代，塔尔岗附近有个智力不高的残障人，单身未婚，没有固定的工作，常在街边流浪，间或替人帮工，胡乱混口饭吃，此人就是当时远近知名的“坐虎”。坐虎是小名还是外号，不得而知。“坐虎”成为傻呆的代名词，人傻或做蠢事，旁人就会说“他么样就像个坐虎样呢”“他就是个苕坐虎”；比拼喝酒的时候，也会说“哪个搞痞就是坐虎”“不喝就是坐虎的儿”。“坐虎”这个词不知还有多大的活力，也许会慢慢小起来。

一个乡镇的词语，会扩展到一个比较大的片区。“白漠港的幺婶娘，摸总是摸的”，是黄陂北乡新起的俗语。白漠港是黄陂北乡长轩岭镇的一个小集市，这句俗语的发源地应该就在这个地方。做什么艰难的事情，刚做一点或开了个头，就要一鼓作气，或硬着头皮咬紧牙关，把这个难办的事情做完，就可以用这个俗语。比如说，一大杯白酒，喝了一点，剩下的又必须喝下去，旁边的人就会起哄“白漠港的幺婶娘，摸总是摸的，快点喝完”，当然喝酒的人自我解嘲，也会讲这句话。这句话据说有本事，以其暧昧有趣，近年逐渐扩展到周边乡镇。

网上收集到关于这个俗语的信息资料，不知是实录，还是演绎，姑且转录如下：“北沫巷的幺娘——咧里这里是个咧里的。”意思就是既然已经形成这个格局，就让他继续发展下去。这句谚语来源于一个勇敢追求幸福与爱情的故事。青年农民王三爱上了一个出了五服却比他高一辈分的年轻寡妇幺婶娘，幺婶娘也十分喜欢这个忠厚朴实、勤劳善良的湾下侄儿。乡下习俗，自己房份中出了五服就不算近亲，可以通婚，但由于怕世俗的偏见，两人还是偷偷相爱，不敢公开。某年盛夏的夜晚，幺婶婶独自一人躺在村头树底下的竹床上乘凉，王三发现后悄悄摸了过去，见四下无人，一下扑在幺婶娘身上。幺婶娘一见是他，说道：“你当心遭雷打，我是你的婶娘呀。”王三一听感到难为情，准备起身离开，幺婶娘紧紧搂住王三：“咧里是个咧里的，已经上来了，还下去做么事。”二人成其好事。最后，在湾里好心人的撮合下，有情人终成眷属。据说这句黄陂歇后语已列入区级非物质文化遗产名录。

“姚集公社广播站，嗯嚜昝现在架式”，是20世纪流行于黄陂北部姚集公社的俗语，这句俗语已流行到武汉。“架式”是开始的意思，那时的农村广播，用的是黄陂话。

（五）一个县的语言

有通行于一个县的用语。黄陂方言词语中有多少词语是整个县通行的，具体数字也不太可能掌握。一个县的词语，可能跟临近方言区域相同，甚至在更大范围里一致。不过，这个情况更不容易获得。

本节从“一个人的语言”说起讲方言词语的兴起，列举了不少实例，我们可以得出以下几个印象：

（1）语言是约定俗成的，“约定俗成谓之宜，异于约则谓之不宜”（《荀子·正名》）。从理论上讲“约定”，是从一个人，两个人约定开始的。“八卦”是我母亲跟我的“约定”，就约了这么一次，无法继续下去。

（2）语言的约定，从一个人到两个人，再到一个家庭，一个村子，一片村子，甚至逐步扩展到一个县；或越过县市边界，逐步推开。

（3）约定者的身份很重要，根据我们的观察，孩子的语言传播优于父母辈，原因有待进一步探究。

（4）语言形式的生动有趣，是快速推开的一个原因。当然，命名可能除外（就是原本没有的语言形式，如新出现的事物，要给予一个表达形式）。

历史语言学的材料是累积起来的，不容易看出形成过程。方言给我们开了一个新的窗口，从这个窗口可以看出以往看不到的语言现象。

二、旧词：地名里的活化石

随着旧有的事物消失，相应表达的词语也随之消去。我们在词类分类表中所罗列的许多农事词语，随着旧有生活模式的改变，已经成为历史词语了。

许多旧有的习俗已经荡然无存，相关的词语也不再使用。如“回碗”（“碗”多读鼻化）：到别人家里去做客，主人要给客人单独做一碗饭，多是煮一碗挂面，打几个鸡蛋，条件好的可能还有肉糕、肉丸子，客人不能够把这些东西吃光，一般的规矩，面条是要吃完的，鸡蛋这些好吃的要留一些待碗的，这就叫作“回碗”。现在条件好了，又讲干净讲卫生，这种习俗消失也就二十多年，小孩子们已经不晓得什么事叫“回碗”了。

文献记载，可以确定词语的历史，也可以看哪些方言词语已经消失，成为了历史词语。现存最早的《黄陂县志》，是明朝嘉靖本。康熙《黄陂县志》缺风俗部分。同治十年（1871）《黄陂县志》卷一“风俗”条下记载：“方言呼父曰爷，或呼为爹，亦有呼父者。呼母为二，亦有呼妈者。呼姐为大，亦有呼姐者。呼祖为爹爹，呼祖母为婆婆。呼木匠为博士。呼去为弃。呼无为毛。余俱无异。”[7]其中的母亲或呼为“二”，这在六十多年前就已消失。[4]“呼姐为大”，消失的时间应该更早。

方言的研究，尤其是词语的研究，应该广泛收集乡土文献。关于文献在方言研究中的价值，我们另有专文讨论，此不赘述。

地名保存下来的方言词语，其中的旧词，是方言的活化石，更值得我们研究。由于缺乏文献记载，黄陂旧有的词语无法保存，地名用的是当地常用词语，名从主人是自古以来的规矩。本节将依据黄陂地名来考察黄陂词语的更替。[3]

黄陂传统村落，大多依山傍水，同姓聚族而居，形成一个个湾子，每个湾子都有一个湾名。黄陂湾子多以“湾”“田”“畈”“冲”等命名，多读鼻化音，如“刘家湾”“胡家田”“丁家岗”“汪家畈”“大麦冲”。还有不少湾名，保留了很多旧时的词语，这些词在口语里不再使用而成为历史词语，这些地名词语就是黄陂话里的活化石。

旧时商行、手工作坊，随着时代的变迁渐渐消失，其特有的词语也成为历史遗迹保存在黄陂地名里。

【土库】$thou^{42}$ khu^{35}，土地是旧时民众的命根，六指虎豹山大队有“土库湾”，含土地即宝库之意(《地名志》326 页)，又金咀大队也有“土库湾”(《地名志》327 页)。明清文献里，“土库”指富人库府，《古今小说·宋四公大闹禁魂张》：“公公出得奴房，十来步有个陷马坑，两只恶狗；过了便有五个防土库的，在那里吃酒赌钱。”许政扬注：“土库，富豪人家的私人库房。”[10]具体情况有待进一步的探究。

【官塘】$kuan^{33}$ $tha\eta^{313}$，官家修建的塘堰，跟私人的有区别。六指西城仔大队有“喻家官塘湾”，传说村边水塘为一县官捐资所建(《地名志》330 页)。

【榨屋】tsa^{35} · u，榨屋也叫“榨坊”，是传统的榨油作坊，现在已经很少见了，“榨屋”“榨坊”这两个词语也很少用。蔡店彭城大队有“榨屋湾”，村中原来有一榨坊，因名(《地名志》38 页)。“榨屋”“榨坊”也简称“榨”，以前可以说“花生晒干了就要进榨”。“蔡家榨”因蔡姓曾开设三家榨坊而得名(《地名志》228 页)。蔡店长生庵大队有“段家榨湾”，段姓聚居，村中开过榨坊，因名(《地名志》40 页)。

【油榨】iou^{313} tsa^{35}，旧时榨油的作坊。王家河高顶大队有“油榨大湾”“油榨小湾”，村中旧时开有榨油坊，故名(《地名志》205 页)。

【染坊】yan^{42} · faŋ，印染作坊，也说“染行”，俗语“把点颜色就开染行”。王家河长岗山大队有“冯家染坊湾”(《地名志》205 页)。或作“染房”，武湖农场滩湖大队有“染房湾”，早年开有染坊，“房”为“坊”之误(《地名志》418 页)。

【锅铺】o^{33} phu^{35}，铸造传统铁锅的铺子。石门竹园大队有“中分湾”，原名“锅铺湾”，后因在湾中建一祠堂，其村遂中分为二，故名(《地名志》77 页)。

【车铺】tshe^{33}phu^{35}，旧时制作独轮手推车的作坊。所做独轮车有“粪车”，用于推送土、粪等物质；“红车”主要运送妇孺老人。蔡榨韩集大队有“车铺湾”，旧时以制作独轮车闻名(《地名志》236 页)。

【铁铺】thiɛ^{24} phu^{35}，铁匠铺。鲁台顺河大队有“铁铺咀湾”，位居河嘴，旧时曾开设铁匠铺(《地名志》306 页)。

【草店】tshau^{42}tien^{35}，就是指远离城镇的野店，研子陶岗大队有“草店湾”(《地名志》180 页)。全国各地以草店命名的颇多，可见“草店”一名旧时颇为盛行。

【烟铺】ien^{33}phu^{35}，旧时制作贩卖烟叶、烟丝的店铺。环城有“烟铺湾”，旧时有烟商开店，故名。

【槽坊】tɕyen^{33} · faŋ，旧时酿酒的作坊。姚集石桥大队有“槽坊湾”(《地名志》63 页)。横店卫山大队有“李槽坊湾”

(《地名志》377 页)。

【糖坊】thaŋ^{313} · faŋ，熬制麦芽糖的作坊。熬糖做酒是旧时主要手工艺，现在已经没有“糖坊”这样的名称了。环城桃花庙大队有“糖坊湾”(《地名志》282 页)。

【布铺】pu^{35}phu^{35}，卖布的铺子。现在一般说“布店”，很少用“布铺”这个词。滠口三闸大队有“下布铺湾”。

【抱铺】pau^{44}phu^{35}，孵小鸡的铺子。甘棠徐田大队有“毻铺湾”，以毻（孵）鸡鸭闻名乡里(《地名志》342 页)。毻是土俗字。

【机房】tɕi^{33} · faŋ，旧时制作丝、棉织品的手工作坊。环城老观庙大队有“李机房湾”，旧时曾开设织布机房(《地名志》291 页)。后来“机房”指装有动力机器的房子，现在也指电脑间，都是新出现的义项。

【白布庄】pɛ^{313}pu^{35}tsuaŋ^{33}，“白布”是传统的手工织造的土布，“白布庄”就是贩卖土白布的商铺。祁家湾蔡桥大队有“李白布庄”，以李姓开设白布庄得名(《地名志》275 页)。现在白布难觅，白布庄亦不复存在。

【袜铺】ua^{24}phu^{35}，旧时制作袜子的作坊。鲁台火烧庙大队有“涂袜铺”，涂姓聚居，村民多以织布袜为业，故名(《地名志》302 页)。

【香铺】ɕiaŋ^{33}phu^{35}，旧时制作经营香蜡的店铺。六指读书湾大队有“香铺湾”，旧时曾开设圆香铺，故名(《地名志》325 页)。也叫“香店”，横店东升大队有“香店湾”，旧时村中曾开设贡香铺，因名(《地名志》369 页)。

【毡铺】tsan^{33}phu^{35}，旧时经营毡子的店铺。五岭四黄大队有

"黄毡铺湾"，旧时黄姓经营毛毡生意而得名(《地名志》258 页)。

【网子】uaŋ^{42} · tsɿ，旧时妇女罩在头上的发网。研子陶岗大队有"网子店湾"，曾开设出售妇女发网的店铺，故名(《地名志》180 页)。现在的"网子"指用线编织的网状袋子。

【斗行】tou^{42}xaŋ^{313}，旧时收购、买卖粮食的粮行。横店如意大队有"沈家行湾"，因沈姓开过斗行，故名(《地名志》379 页)。

【店屋】tien^{35} · u，商铺，旧时买小商品的铺子。塔尔姚岗大队有"店屋咀湾"(《地名志》132 页)。这个词现在已废弃了。

【金货】tɕin^{33}xo^{35}，金银首饰。鲁台孙家墩大队有"金货店湾"，村中原有一嫁货店，当地人称嫁货为金货(《地名志》308 页)。

【嫁货】tɕia^{35} xo^{35}，旧时出售嫁妆的商铺。黄陂县城旧有"嫁货街"，在铁锁龙潭的前面。明末贵州道御史黄彦士家族的祠堂就在嫁货街的后面。[6]

【竹子行】tsou^{24} · tsɿxaŋ^{313}，旧时经营楠竹的商铺。甘棠金竹大队有"金家竹子行湾"，村居金姓，过去开过楠竹店铺(《地名志》344 页)。

【纸马灯】tsɿ^{42} ma^{42} ten^{33}，纸质灯笼。滠口三店大队有"陈纸马湾"，以制作纸马灯闻名(《地名志》397 页)。

【标子】piau^{33} · tsɿ，木杆之类的标志物。塔尔有"标子山"，抗日战争时期，山上立一标志，作报警信号(《地名志》510 页)。"标子"亦可作出售货物的标记。滠口丰山大队有"标子湾"，传说早年湾中有一屠夫准备出售猪肉，竖标为记，标竖则有，标倒则无(《地名志》398 页)。甘棠方湾大队有“标子湾”(《地名志》344 页)，不知何以得名。黄陂话现在没有“标子”这个词。

【橕腰】tshen^{35}iau^{33}，用枕头等顶住腰部，使其舒适，这个意思现在一般说“垫腰”。也当撑腰讲，如说“冇得人跟他橕腰，他也做不长远”。“橕”字也作“衬”，亦作地名，姚集李集大队有“衬腰石湾”，后山有一巨石兀立，下有一小石顶其腰部，故名(《地名志》53 页)。康熙《黄陂县志·舆地志》记载此石：“衬腰石，在县北一百里，高二丈许。”

【军田】tɕyen^{33}thien^{313}，旧时国家拨给军营耕作的田地。王家河南堰大队有“军陈湾”，旧时陈姓耕种军田，故名(《地名志》200 页)。这个词已成历史，早就没人使用了。

【田铺】thien^{313}phu^{35}，旧时地主的田庄，大片田地，雇人耕种，在田地附近盖上简易房子，遂成自然村落。长堰白龙寺大队有“田铺嘴”(《地名志》219 页)。

【水围子】suei^{42}uei^{313} · tsɿ，村庄周围水壕沟，这个词极少使用。亦作村名，环城群光大队有“水围子湾”，四周有护村水沟，故名(《地名志》287 页)。

【烟墩】ien^{33}ten^{33}，旧时报警的烽火台。长堰唐刘桥大队有“烟墩胡”，“烟墩”为旧时报警台(《地名志》215 页)。研子南新大队有“烟灯张”，原称“烟墩张”，以旧时立有报警烟墩得名，“灯”是“墩”之演变(《地名志》185 页)。

【花园会】xua^{33} · yan xuei^{44}，旧时的乡会名。王家河有“花园会”大队，驻地“花园张”，“花园会”系旧时乡会名称(《地名志》201 页)。

【仓屋】tshaŋ33 ·u，旧时存储粮食的粮仓。王家河彭岗大队有“仓屋詹湾”，村居詹姓，旧时富户建有较大的粮仓，故名(《地名志》203 页)。旧时的仓屋，跟现在储存备战、备荒的粮库很相同，现在一般叫“粮库”“仓库”，已不知“仓屋”为何物了。

【淌子】thaŋ42 ·tsɿ，地势低洼处。蔡家榨鸣山大队有“淌子湾”，所处地势低洼，故名(《地名志》243 页)。环城熊家店大队有祁家淌湾，“淌”即低洼之地(《地名志》283 页)。

【瓮门】ŋoŋ35men33，土围、土城的门。长堰刘冯岗大队有“瓮门王湾”，原村有土围，并置门阖，当地人称为瓮门。

【耳门】ɯ42men313，耳轮。亦作地名，石门山驻程岗大队有“耳门湾”，李姓聚居于形若耳门山口，故名。

【碾子】nien42 ·tsɿ，碾碎谷物的石制器具。或作“研子”，黄陂有研子镇，原名“碾子岗”，因街南侧小山岗上有一大石碾而得名。方言“碾”与“研”同音，故习惯称研子岗(《地名志》174 页)。姚集崔家畈大队有“碾子湾”，村边有一大石碾，故名“碾子边湾”(《地名志》66 页)。胡家田东边原有石碾子，那一带也叫“碾子边”。

【地碾子】ti44nien42 ·tsɿ，在石质地下开凿的碾子。蔡店双河集大队有“地碾湾”，湾边有一石地碾，故名。

【砺子】ni44 ·tsɿ，去掉稻壳的工具，形状像磨子。长堰白龙寺大队有“砺子程湾”，“砺，土制脱粒工具”(《地名志》219 页)。六指老刘湾大队有“上黄砺子”“下黄砺子”两个村子(《地名志》330 页)。

【镵头】tshan313 ·thou，犁铧，犁尖。黄陂长堰有“镵头程湾”，旧时村民多以铸镵头为业，因名。

【凉亭】niaŋ^{313}thin^{313}，路边供人避雨或歇息的亭子。亦用作地名，长堰有凉亭大队，境内原有一供人歇息的凉亭，故名。又叫“凉房”，六指郑田大队有“凉屋湾”，村边原有一凉亭，故名。

【会官堂】xuei^{44}kuan^{33}thaŋ^{313}，公共议事堂。塔尔马鞍寨大队有“会官堂湾”，村中原有一座二姓共建的议事堂，称会官堂(《地名志》234 页)。

【篾匠】miɛ^{24} · tɕiaŋ，编织竹篮、竹席的工匠。五岭同兴大队有“篾匠湾”。

【铁匠】thiɛ^{24} · tɕiaŋ，打制铁器的工匠。多作为地名，“匠”变音很多，或作“铁江”，泡桐官文岗大队有“铁江湾”。

【草鞋】tshau^{42} · xai，旧时稻草编织的鞋子，干活时穿。环城彭楼大队有“陈草鞋湾”，村居陈姓，旧时村民多以打草鞋为副业，故名(《地名志》284 页)。

【背风】pi^{44}xoŋ^{42}，一种用竹篾、竹叶编织成的雨具，下雨劳动时穿在背后。形制和作用跟蓑衣相同，蓑衣盛行后，背风就消失了。六指什仔铺大队有“背风湾”，以制“背风”这种竹制雨具闻名乡里，故名（《地名志》320 页)。

【蓼子】niau^{44}iɛniau^{44}，粽叶，旧时常用来做斗笠。石门山户冲大队有“蓼叶湾”，原盛产做斗笠的蓼叶，故名(《地名志》79 页)。

【牛屋】niou^{313}u^{24}，也叫“牛栏屋”，关牛的小屋。“牛”，北部读 niou^{313}，南部读 iou^{313}。李集仁和集大队有“尤屋湾”，原称牛屋湾，因村中有一较大的拴牛房而得名，后人们嫌牛字不雅，遂改“牛”为“尤”(《地名志》145 页)。“牛屋”现在很少用。

【社庙】$sen^{44}miau^{44}$，祭祀土地神的庙宇，或作地名。蔡家榨梅家田大队有“神庙湾”，旧时湾后有一神庙，因名(《地名志》239 页)。口语里“社庙”或读作 $sen^{44}mi^{44}$。

【楼子】nou^{313} · tsɿ，楼房，多作地名，鲁台吴店的黄家楼子(《地名志》310 页)，是御史黄彦士的老家。也简称楼，如“朱家楼”。

【楼门】$nou^{313}men^{313}$，高楼门，滠口桃园集大队有“楼门村”，传说有一官员曾建高楼于后湖咀，因名(《地名志》403 页)。

【庵堂】$\eta an^{33}tha\eta^{313}$，尼姑庵，楚剧有《庵堂认母》。蔡店彭城大队有“茅庵湾”，原为一座用茅草盖顶的庵堂，因名(《地名志》37 页)。

【砚盘】$nien^{44}pan^{42}$，砚台。李集白庙集大队有“砚盘咀湾”，因其坐落在形似砚盘的河咀，故名。

【戏场】ςi^{35} · tshaŋ，唱戏的地方，滠口向店大队有“戏场店湾”，旧时为一戏场，场外开有小店，因名(《地名志》405 页)。

【秧鸡】$ia\eta^{33}$ · tɕi，栖息在水稻秧苗里的一种小鸟。或作“鸯鸡”，长岭有鸯鸡坡大队，又有“鸯鸡坡湾”，传说曾有形似鸯鸡的神鸟栖息于村边山坡上，因名(《地名志》106 页)。

【儒门】$y^{313}men^{313}$，明代户籍有民籍、军籍等多种明目，儒门泛指读书世家。环城高庙大队有“儒门咀湾”，村临湖咀，传说先民系江西儒氏过籍，因名(《地名志》291 页)。

【学堂】$\varsigma io^{24}tha\eta^{313}$，私塾、学校，现代新式学校叫“学校”。姚集石屋山大队有“学堂湾”(《地名志》56 页)。塔尔胡家田村东边一片地叫“学堂园”，早年此地设有私塾。“学堂”或读作 ɕio^{24} · thou，胡家田“学堂园”，“堂”就读 · thou。

【教官】tɕiau^{35}kuan^{33}，古代学官，指学正、教谕等广文，跟现在部队的“教官”不同。鲁台火烧庙有周教官湾，因旧时出过管教育的官员得名(《地名志》302 页)。

【先生】ɕien^{33} · sen，旧时私塾老师，现在称“老师”。环城油岗大队有“先生湾”，旧时村中设有私塾(《地名志》286 页)。朱炳祥等《土地制度与土地文化——武汉市黄陂区油岗村的田野调查》对先生湾的来历讲得更详细：油岗大姓是张姓，当地人为了教育自己的子孙，捐资兴办了一所学校。请来的先生表示不要学费，只要给块儿能住的地方就行，并同意改姓张。先生住的这个地方，就形成了先生湾。[13]14

【写字】ɕiɛ^{42}tsɿ^{44}，明清时，衙门负责抄写的低级官员。明王琼《双溪杂记》：“写字出身，在内阁书办，升至编修。”近代指洋行、公司的文员。罗汉祝店大队有“王写字湾”，以村中王姓擅长书法者多(《地名志》165 页)。此说待考。也叫“写字先生”。这两个词现在已经不用了。

【棺山】kuan^{33} · san，旧时公共坟地，埋葬死者的公共山丘。

【铁屎】thiɛ^{24} sɿ^{42}，冶炼铁的铁渣。长岭有“铁石墩湾”，传说为唐代冶炼兵器之地，村边土墩中有残存铁渣(《地名志》108 页)，康熙《黄陂县志·建置志》滠源乡会作“铁屎墩”[12]，同治《黄陂县志·邑志》也作“铁屎墩”。经查全国有不少以“铁屎墩”命名的地方。铁屎墩是堆砌铁屑、煤渣的小山丘。

参考文献：

［1］布龙菲尔德. 语言论［M］. 袁家骅等译. 北京：商务印书馆，1985.

［2］房德里耶斯. 语言［M］. 岑麒祥，叶蜚声，译. 北京：商务印书馆，2012.

［3］黄陂县地名领导小组. 湖北省黄陂县地名志［M］. 内部资料，1981.

［4］黄树先. 古楚语释词［J］. 语言研究，1989（2）.

［5］黄树先，吴娟. 论汉语方言的语义类型学意义——兼论语义类型视野下汉语方言大词典的编纂［J］. 语文研究，2019（4）.

［6］黄星斋. 黄氏宗谱［M］. 民国二年.

［7］刘昌绪，徐瀛.（同治十年）黄陂县志［M］. 南京：江苏古籍出版社，2001.

［8］罗竹风等. 汉语大词典［M］. 上海：汉语大词典出版社，1993.

［9］孙百刚. 郁达夫外传［M］. 杭州：浙江人民出版社，1982.

［10］许政扬. 古今小说（校注本）［M］. 北京：人民文学出版社，1984.

［11］杨潜斋. 语言学［M］. 武汉：华中师范学院印行，1954.

［12］杨廷蕴.（康熙）黄陂县志［M］. 海口：海南出版社，2001.

［13］朱炳祥等. 土地制度与土地文化，武汉市黄陂区油岗村的田野调查［M］. 北京：民族出版社，2006.

（作者地址：首都师范大学文学院，北京 100089）

白居易诗中的偏正式宗教词语探析

黄英　唐莉　户美娟[①]

摘　要　唐代是宗教信仰开放的时代，其中有不少僧侣诗人，李白一生笃信道教，王维号称“诗佛”，而白居易则完全算得上是与佛教关系密切的唐代大诗人之一。本文首次从《白居易诗集》中收集到90多个富有宗教色彩的佛教、道教类的偏正式复合词，而属于道教的词语或与道教有关的词语仅7个，其中有2个为佛、道二教通用的词语，也就是仅5个词语是完全属于道教的，其余80多个都属于佛教词语。本文对白居易诗歌中这80多个佛教词语逐一分析，认为通过诗歌的用词用语能反映诗人的思想境界，由此推断白居易的宗教信

① 作者简介：黄英，四川师范大学文学院语言学教授，研究方向为汉语史、古今汉语词汇；唐莉，四川师范大学图书馆副教授，研究方向为图书情报、现代汉语；户美娟，四川泸州市高级中学一级教师，现赴美国田纳西州大学孔子学院任教。

仰是佛教。

关键词 白居易诗 佛教 偏正式复合词

本文选用朱金城《白居易集笺校》[12]为研究底本（限选诗歌部分，诗歌部分不包括外卷）。为节省篇幅，行文中对“白居易诗歌”或简称“白诗”。本文先列出白居易诗歌中所出现的佛教内典词语，并在这些词语的后面加括号标明在白诗中使用的次数。如提行所引白居易的诗仅标出篇目而不标诗人姓名；如果涉及《全唐诗》[2]中其他诗人的诗作，则标出篇目和诗人的姓名。

白居易（772—846），字乐天，晚年自号“香山居士”。白居易政治上的起起落落和丰富的人生经历造成了他思想的复杂性，具有儒释道杂糅的特点。白居易虽然道、佛皆习，但他更热衷于佛教，到晚年更是笃信佛教。他的“好佛”可以与王维并称，与他有交往的僧人数量上百，足见他对佛教的热衷。

白居易佛禅、道教等思想，在他创作的诗歌中得到了很好的体现，其诗集中有不少的诗歌在意境方面体现出一种佛学思想。本文就白居易诗歌中的偏正式复合词做了一定的分析，发现其中所使用的富有宗教色彩的内典词语，绝大多数是有关佛教的词语。本文共收集白居易诗歌中偏正式宗教词语 98 个，属于道教的词语或与道教有关的词语仅 7 个，且其中有 2 个为佛教与道教通用的词语，其余 81 个则都属于佛教词语。

白诗中有关佛教、道教的偏正式复合词中，大致有以下三种情况：一是宗教色彩极其浓厚的词语，即本为内典词语，这种情况占大多数；二是涉及佛教之人或佛教之物的词语；三是初期为佛教词语而现代汉语中其宗教色彩已相对比较薄弱的词语，这种情况所占比例不大。白诗偏正式复合词中富有宗教色彩的词语可以分为以下六类：

第一类：有关佛教表世间与表尘世概念的词语

【彼岸】（1次）佛家以有生有死的境界为“此岸”；超脱生死，即涅槃的境界为“彼岸”。

闻君登彼岸，舍筏复何如。（《和李澧州题韦开州经藏诗》）

【苦海】（3次）“苦海”指各种苦难之世界，亦即生死轮回之三界六道。众生沉沦于三界之苦恼中，渺茫无际，犹如沉没于大海难以出离，故以广大无边之海为喻。

苦海不能漂，劫火不能焚。（《和微之诗二十三首·和送刘道士游天台》）

苦海出来应有路，灵山别后可无期。（《内道场永观上人就郡见访善说维摩经临别请诗因以此赠》）

【火宅】（2次）“火宅”指迷界众生所居住之三界，即比喻充满众苦的尘世。

欲知火宅焚烧苦，方寸如今化作灰。（《赠昙禅师》）

火宅煎熬地，霜松摧折身。（《自悲》）

《法华经·譬喻品》三：“三界无安，犹如火宅……众苦所烧，我皆拔济。”[11]（15册542）

【千界】（1次）“千界”是大千世界的省称，如小千、中千、大千并提，则称三千大千世界。佛教以此说明世界组织的情形。在诗歌中常以“三千界”出现。

千界一时度，万法无与邻。（《和微之诗二十三首·和晨霞》）

《汉语大词典》中引宋朱熹《次韵雪后书事》之二：“眼惊

银色迷千界，梦断彤庭散百寮。”引例偏晚。查《全唐诗》共出现6处，一般称作“三千界”。如元稹《和乐天赠云寂僧》：“欲离烦恼三千界，不在禅门八万条。”[5]卷四一四,12册4584－4585

【前尘】(1次)“前尘”指当前由色、香、声、味、触、法六尘组成的非真实的境界。

但要前尘减，无妨外相同。(《酒筵上答张居士》)

《楞严经》卷二：“佛告阿难，一切世门大小内外、诸所事业各属前尘。”[11]23册490

白诗中还出现“三界”“上界”“下界”“欲界”“色界”等佛教词语，表示众生或天王所居之境界。具体如下：

【三界】(1次)此“三界”指众生轮回的欲界、色界、无色界。

既未出三界，犹应在五蕴。(《和微之诗二十三首·和送刘道士游天台》)

【上界】(2次)白诗中“上界”与“三界”所指一样，均与“下界”(即人界)相对而称，指天界，即仙佛所居之地。

上界女仙无嗜欲，何因相顾两徘徊。(《赠韦炼师》)

张九龄《祠紫盖山经玉泉山寺》：“上界投佛影，中天扬梵音。”[5]卷四九,二册602

【下界】(3次)指人间，相对天上而言。

应是诸天观下界，一微尘内斗英雄。(《禽虫十二章》之七)

空阔境疑非下界，飘飖身似在寥天。(《晓上天津桥闲望偶逢卢郎中张员外携酒同倾》)

中天或有长生药，下界应无不死人。(《曲江醉后赠诸亲故》)

【欲界】（1 次）“欲界”乃三界之一，包括地狱、人间和六欲天等，以贪欲炽盛为其特征。

欲界凡夫何足道，四禅天始免风灾。（《答闲上人来问因何风疾》）

【色界】（2 次）“色界”乃三界之一，在欲界之上，无色界之下。此界里有精美的物质而无男女贪欲。色界四天，初禅具三灾，二禅无火灾，三禅无水灾，四禅无风灾。

临高始见人寰小，对远方知色界空。（《登灵一作宝应台北望》）

一床方丈向阳开，劳动文殊问疾来。（《答闲上人来问因何风疾》）

第二类：有关佛教基本概念的词语

在白居易诗歌当中，有关佛教基本概念的词语，为以下五种类型：

1.“空 X”形式的词语。

佛教教义中主张一切皆空，在白居易诗歌中也出现了诸如“空门”“空王”“空花”等佛家词语。如下：

【空门】（10 次）佛教教义以“空”为极致，故称佛门为“空门”。

自从苦学空门法，销尽平生种种心。（《闲吟》）

吾学空门非学仙，恐君此说是虚传。（《答客说》）

白诗中还出现“空门子”一词。“空门子”指空门之人，是世人对出家沙门的称呼。

借问空门子，何法易修行。（《客路感秋，寄明准上人》）

【空王】（6 次）佛教语。佛的尊称。佛说一切皆空，故称

“空王”。

空王百法学未得，姹女丹砂烧即飞。事事无成身老也（一作也老），醉乡不去欲何归。（《醉吟二首》之一）

赖学空王治苦法，须抛烦恼入头陀。（《自到浔阳生三女子因诠真理用遣妄怀》）

谏诤知无补，迁移分所当。不堪匡圣主，只合事空王。（《郡斋暇日忆庐山草堂兼寄二林僧社三十韵》）

同事空王岁月深，相思远寄定中吟。（《钱虢州以三堂绝句见寄因以本韵和之》）

坐成真谛乐，如受空王赐。（《和知非》）

君匡圣主方行道，我事空王正坐禅。（《宿香山寺酬广陵牛相公见寄》）

【空花】（2 次）即比喻纷繁的妄想和假相。

空花岂得兼求果，阳焰如何更觅鱼。（《读禅经》）

艳色即空花，浮生乃焦谷。（《和梦游春诗一百韵》）

2. “幻 X”形式的词语。

【幻身】（1 次）指肉身；形骸。谓身躯由地、水、火、风假合而成，无实如幻，故曰“幻身”。

开时不解比色相，落后始知如幻身。（《感芍药花寄正一上人》）

《圆觉经》卷上：“彼之众生，幻身灭故，幻心亦灭。”[11]12册268

3. “法 X”形式的词语。

【法堂】（1 次）指寺中演说佛法的讲堂。

酒肆法堂方丈室，其间岂是两般身。（《拜表回闲游》）

王维《过福禅师兰若》："岩壑转微径，云林隐法堂。"[5]卷一二六，四册1274

【法乐】（1次）"法乐 "指积德行善、耽味佛法之乐。相对于"欲乐"而言。

他生莫忘今朝会，虚白亭中法乐时。（《内道场永观上人就郡见访善说维摩经临别请诗因以此赠》）

《维摩诘经·菩萨品》："汝等已发道意，有法乐可以自娱，不应复乐五欲乐也。"[11]15册840

4."禅X"形式的词语。

【禅门】（2次）指禅定之法门，禅宗之法门。

愿学禅门非想定，千愁万念一时空。（《晏坐闲吟》）

君于觉路深留意，我亦禅门薄致功。（《送李滁州》）

【禅客】（4次）禅家寺院，预择辩才，应白衣请说法时，使与说法者相为答问，谓之"禅客"。亦用以泛称参禅之僧。

行逢禅客多相问，坐倚渔舟一自思。（《自思益寺次楞伽寺作》）

静念道经深闭目，闲迎禅客小低头。（《偶吟二首》之一）

房传往世为禅客，王道前生应画师。（《自解》）

掩镜望东寺，降心谢禅客。（《因沐感发，寄朗上人二首》之二）

【禅心】（2次）指清静寂定的心境。

禅心不合生分别，莫爱余霞嫌碧云。（《答次休上人》）

会教魔女弄，不动是禅心。（《偶于维扬牛相公处觅得筝筝未到先寄诗来走笔戏答》）

【禅味】（1次）指入于禅定时安稳寂静的妙趣。

精洁沾戒体，闲淡藏禅味。(《题道宗上人十韵》)

5.“色X”形式的词语。

【色界】（2次）见第一类中“色界”一词。

【色相】（2次）佛教语。指万物的形貌。

开时不解比色相，落后始知如幻身。(《感芍药花，寄正一上人》)

色相故关行地道，香尘拟触坐禅人。(《题孤山寺山石榴花示诸僧众》)

《涅槃经·德王品四》：“〔菩萨〕示现一色，一切众生各各皆见种种色相。”[11]96册327

至于并列式复合词“色空”，白诗中使用2次。乃“色即是空”的略语，谓一切事物皆由因缘所生，虚幻不实。

欲悟色空为佛事，故栽芳树在僧家。细看便是华严偈，方便风开智慧花。(《僧院花》)

弄沙成佛塔，锵玉谒王宫。彼此皆儿戏，须臾即色空。有营非了义，无著是真宗。(《感悟妄缘题如上人壁》)

第三类：有关佛法的词语

白居易诗歌偏正式复合词中有关佛法的词语如“法轮”“弘愿”“口业”“三病”“三车”“三乘”“万劫”“五蕴”“律师”等，其中“三车”“三乘”均指佛法。

【法轮】（1次）比喻佛语。谓佛说法，圆通无碍，运转不息，能摧破众生的烦恼。释迦牟尼佛成道之初，三度宣讲“苦、集、灭、道”四谛，称为“三转法轮”。

应是蜀人皆度了，法轮移向洛中来。(《清闲上人》)

【弘愿】（2次）指拯救一切众生的大愿。

回念发弘愿，愿此见在身。(《自觉二首》之二)

弘愿在救拔，大悲忘辛勤。(《和微之诗二十三首·和晨霞》)

王勃《兜率寺浮图碑》："兆基弘愿，继发净因。"[4]卷一四八,2册1868

【口业】（2次）本为佛教语。佛教以身、口、意为三业，"口业"指妄言、恶口、两舌和绮语，又指诗文的创作。唐宋人以诗文类绮语，故相比附，白诗中即指此义。

忽忽眼尘犹爱睡，些些口业尚夸诗。(《斋月静居》)

渐伏酒魔休放醉，犹残口业未抛诗。(《寄题庐山旧草堂兼呈二林寺道侣》)

【三病】(1次) 本为佛教语。指学道的三大障碍贪、瞋、痴。

由来生老死，三病长相随。除却念无生，人间无药治。(《白发》)

《涅槃经·憍陈如品》："有三种病：一者贪，二者瞋，三者痴。如是三病，有三种药：不净观者能为贪药，慈心观者能为瞋药，观因缘智能为痴药。"[11]14册908

【三车】(1次) "三车"即为比喻"三乘"。以羊车喻声闻乘（小乘)，以鹿车喻缘觉乘（中乘)，以牛车喻菩萨乘（大乘)。小、中、大乘为浅深不同的三种解脱之道。

三车犹夕会，五马已晨装。(《郡斋暇日忆庐山草堂兼寄二林僧社三十韵多叙…出处之意》)

【三乘】(1次) 佛教语。一般指小乘（声闻乘)、中乘（缘觉乘）和大乘（菩萨乘)。三者均为浅深不同的解脱之道，亦泛指佛法。

不如回念三乘乐，便得浮生百病空。(《病中看经赠诸道

侣》）

【万劫】（3 次）佛经称世界从生成到毁灭的过程为一劫，万劫犹万世，形容时间极长。

百千万劫菩提种，八十三年功德林。（《赠僧五首 · 钵塔院如大师》）

此身何足恋，万劫烦恼根。（《逍遥咏》）

百千万劫障，四十九年非。（《寄山僧（时年五十）》）

【五蕴】（1 次）“五蕴”为佛教术语，又称五阴、五众、五聚。蕴，音译作塞犍陀，乃积聚、类别之意。即类聚一切有为法之五种类别：色蕴、受蕴、想蕴、行蕴、识蕴 。

既未出三界，犹应在五蕴。（《和微之诗二十三首 · 和送刘道士游天台》）

此词条《汉语大词典》失收。

【律师】（1 次）“律师”指持律师、律者，即专门研究、解释、读诵律文的人。

是故宗律师，以诗为佛事。（ 《题道宗上人十韵》）

《涅盘经 · 金刚身品》：“如是能知佛法所作，善能解说，是名律师。”[11]14册33

今“律师”多指一种职业，指在法律行业中处理有关法律事物的专业人员。

第四类：有关佛教戒律、戒规的词语

【八戒】（1 次）“八戒”又指八斋戒、八关斋。佛教指在家信徒一昼夜受持的八条戒律。

八戒夜持香火印，三光朝念《蕊珠篇》。（《白发》）

《资治通鉴 · 齐武帝永明元年》：“会上于华林园设八关斋，

朝臣皆预。”胡三省注：“释氏之戒：一，不杀生；二，不偷盗；三，不邪淫；四，不妄语；五，不饮酒、食肉；六，不着花鬘璎珞、香油涂身、歌舞倡伎故往观听；七，不得坐高广大床；八，不得过斋后吃食。以上八戒，故为八关。”[7]4255

【十斋】(1 次) 佛教语。即指“十斋日”。谓每月持斋素食并禁止屠宰的十天。

今日非十斋，庖童馈鱼肉。(《春日闲居》之一)

此诗中“十斋”即“十斋日”。“十斋日”谓每月持斋素食并禁止屠宰的十天。《地藏经·如来赞叹品》：“复次普广，若未来世众生，于月一日、八日、十四日、十五日、十八日、二十三、二十四、二十八、二十九日，乃至三十日……能于是十斋日，对佛菩萨诸贤圣像前读是经一遍，东西南北百由旬内，无诸灾难。”[11]52册465

【长斋】(3 次) 指佛教徒长期坚持过午不食。后多指长期素食。

长斋俨香火，密宴簇花钿。(《奉酬淮南牛相公思黯见寄二十四韵》)

杜甫《饮中八仙歌》：“苏晋长斋绣佛前，醉中往往爱逃禅。”[5]卷二一六，7册2259

在白居易诗歌当中，共出现了以上 3 个表示佛家信徒应该遵守斋戒的词语，可知白居易是以一个佛家信徒的身份来安排日常生活的。

第五类：佛家表世间疾苦、烦恼、灾难的词语

白居易诗歌中出现了众多表示俗世烦恼的佛教词语，这其中也透露出白居易晚年持斋、坐禅的感悟与体会。

1. 表世俗烦恼的词语

【尘网】（2 次）指色、声、香、味、触、法六尘之系缚人，犹如罗网缚人一般。

世途倚伏都无定，尘网牵缠卒未休。（《放言五首》之二）

何时解尘网，此地来掩关。（《秋山》）

王维《菩提寺禁口号又示裴迪》：“安得舍尘网，拂衣辞世喧。”[5]卷一二八,2册1303

“尘网”在《红楼梦》中有用例，《红楼梦》第一一八回：“我们生来已陷溺在贪、嗔、痴、爱中，犹如污泥一般，怎么能跳出这般尘网？”[1]3册1613

【尘劳】（3 次）“尘劳”佛教徒谓世俗事务的烦恼。为“烦恼”的异称。

清净久辞香火伴，尘劳难索幻泡身。（《春忆二林寺旧游因寄朗、满、晦三上人》）

每因斋戒断荤腥，渐觉尘劳染爱轻。（《斋戒》）

既得脱尘劳，兼应离惭愧。（《和知非》）

此诗为白居易晚年六十八岁时所作，晚年的白居易问佛已久，在此时期的诗歌处处有佛意禅痕。

《无量寿经》卷上：“散诸尘劳，坏诸欲堑。”[11]9册590

【客尘】（1 次）佛教语。指尘世的种种烦恼。

僧说客尘来眼界，医言风眩在肝家。（《眼病二首》）

《维摩诘经·问疾品》：“菩萨断除客尘烦恼而起大悲。”注云：“什曰：心本清净，无有尘垢，尘垢事会而生，于心为客尘也。肇曰：心遇外缘，烦恼横起，故名客尘。”[11]15册845

【老苦】（2 次）佛教语。四苦、八苦之一，指众生衰老时所受之身心苦恼。佛教以生、老、病、死为“四苦”。“八苦”指生、老、病、死、爱别离、求不得、怨憎会、五阴炽盛。

世间老苦人何限，不放君闲奈我何？(《心重答身》)

少亦苦，老亦苦，少苦老苦两如何？(《上阳白发人－愍怨旷也》)

2. 表世界灾难的词语

【劫风】(1次) 劫风即劫灾中的风灾。

劫风火起烧荒宅，苦海波生荡破船。(《寓言题僧》)

《汉语大词典》中只收录了宋沈括《梦溪笔谈·书画》：“佛光乃定果之光，虽劫风不可动，岂常风能摇哉！”一例，收词引例偏晚。

【劫火】(1次) 佛教语。指坏劫之末所起的大火。

苦海不能漂，劫火不能焚。(《和微之诗二十三首·和送刘道士游天台》)

“劫风”“劫火”都是在世界坏劫时所起的灾难。有水、风、火三劫灾难。“劫火”在后来又借指兵火。清龚自珍《忏心》诗：“佛言劫火遇皆销，何物千年怒若潮？”

3. 表烦恼、苦难根源的词语

【六尘】【六贼】(各1次) “六尘”即色、声、香、味、触、法。众生以六识缘六境而遍污六根，能昏昧真性，导致烦恼，故称为尘。“六尘”又称“六贼”，二者表示同一意思。因六尘犹如盗贼，能劫夺一切之善法，故称“六贼”。

尚是色香味，六尘之所熏。(《和微之诗二十三首·和送刘道士游天台》)

六贼定知无气色，三尸应恨少恩情。(《斋戒》)

《圆觉经》卷上："妄认四大为自身相，六尘缘影为自心相。"其下注云："'六识'十八界中之六识界。指眼、耳、鼻、舌、身、意等六种认识作用。'六境'指六根所取之六种对境，亦为六识所感觉认识之六种境界。即色、声、香、味、触、法。此六境犹如尘埃能污染人之情识，故称六尘。"[11]12册365 由此我们可以理解为："以六识缘六境而遍污六根"的意思是指以眼、耳、鼻、舌、身、意等六根为依，对色、声、香、味、触、法（概念及直感之对象）等六境，产生见、闻、嗅、味、触、知等了别作用之眼识、耳识、鼻识、舌识、身识、意识等。识、境、根三者必须同时存在。

【外尘】（1次）"外尘"指色、声、香、味等外境。凡夫以为六尘皆在于内心之外，故称外尘。"外尘"即"六尘"。

此日尽知前境妄，多生曾被外尘侵。（《味道》）

【心垢】（1次）指烦恼。佛教中也常以"心垢"表示烦恼。

眼尘心垢见皆尽，不是秋池是道场。（《秋池》）

第六类：佛教中以具体物质表示抽象意义的词语

【慈航】（1次）"慈航"指佛、菩萨以尘世为苦海，故以慈悲救度众生，出离生死海，犹如以舟航渡人，故称慈航、慈舟。

断痴求慧剑，济苦得慈航。（《渭村退居寄礼部崔侍郎翰林钱舍人诗一百韵》）

【定水】（2次）指澄静之水。比喻坐禅时心境湛然静寂，犹如止水，故用"定水"喻禅定之心。

闲心对定水，清净两无尘。（《题玉泉寺》）

心如定水随形应，口似悬河逐病治。（《神照上人》）

【智灯】（1次）指照破迷暗的智慧之光。

障要智灯烧，魔须慧刀戮。(《和梦游春诗一百韵》)

王勃《益州绵竹县武都山净惠寺碑》："挥觉剑而破邪山，扬智灯而照昏室。"[6]卷一八三,2册1864

【慧刀】【慧剑】（各 1 次）"慧刀""慧剑"均为佛教语。指能斩断一切烦恼的智慧。

障要智灯烧，魔须慧刀戮。(《和梦游春诗一百韵》)

断痴求慧剑，济苦得慈航。(《渭村退居寄礼部崔侍郎翰林钱舍人诗一百韵》)

唐慧宣《秋日游东山寺寻殊昙二法师》诗："慧刀幸已逢，疑网于焉析。"[5]卷八〇八,23册9111 语本《维摩经·菩萨行品》："以智慧剑，破烦恼贼。"[11]15册861

以上 5 个词语均由普通的事物名称加上具有佛教色彩的字组成双音节词语，而成为佛教常用语。

白居易诗歌当中富有增加色彩的词语除了佛教词语以外，还使用了些许具有道教色彩的词语，这应该与他晚年习道有关。白居易在元和十年（815）流贬江州之后，宦情逐渐淡薄，精神也日益颓丧，为了寻求精神上的解脱，他不得不乞灵于释老的空无哲学，希图在他们渲染的彼岸世界中，给自己的被现实烦恼煎迫得疲惫焦灼的灵魂找到一个栖息之所。[3]427页 于是声称"唯看老子五千字，不踏长安十二衢。"（《村居寄张殷衡》）据本文考察，在白诗偏正式复合词中，出现了以下 7 个与道教有关的词语：

【大药】（2 次）这是有关道家丹药的词语，指道家的金丹。

亦曾烧大药，消息乖火候。至今残丹砂，烧干不成就。(《不二门》)

既无长绳系白日，又无大药驻朱颜。(《浩歌行》)

杜甫《赠李白》:“苦乏大药资，山林迹如扫。”[5]卷二一六,7册2252－2253

丹药是信奉道教之人常服用的东西。白居易就曾食过“大药”，也服用过“云母”之类的丹药。他的诗歌中有这样的诗句：“晓服云英漱井华，寥然身若在烟霞。药销日晏三匙饭，酒渴春深一碗茶。”（《早服云母散》）“云英”就是云母的一种。

【洞天】（1次）指道教称神仙的居处，意谓洞中别有天地。

官曹清切非人境，风月鲜明是洞天。（《晚春重到集贤院》）

陈子昂《送中岳二三真人序》：“杨仙翁玄默洞天，贾上士幽栖牝谷。”[5]卷二一四,3册2164

【道场】（18次）释道二教称诵经礼拜的场所。此录4例：

日出起盥栉，振衣入道场。（《偶作二首》）

令人见即心无事，每一相逢是道场。（《自远禅师》）

眼尘心垢见皆尽，不是秋池是道场。（《秋池》）

今春入道场，清净依僧律。（《二月一日作赠韦七庶子》）

《南史·隐逸传下·庾诜》：“晚年尤遵释教，宅内立道场，环绕礼忏，六时不辍。”[4]卷七六,6册1904－1905也指和尚或道士做法事的场所。“道场”为佛、道二家通用词语。

【真宗】（1次）指释道两教谓所持的真正宗旨；正宗。

有营非了义，无著是真宗。（《感悟妄缘题如上人壁》）

【碧落】（1次）在道教中指青天、天空。

青云已难致，碧落安能攀。（《和栉沐寄道友》）

【大隐】【小隐】（各1次）指身居朝市而志在玄远的人，指隐于都市。“小隐 ”指隐居山林。

大隐住朝市，小隐入丘樊。丘樊太冷落，朝市太嚣喧。不如作中隐，隐在留司官。（《中隐》）

白居易一生儒释道三教兼容，是大隐于市的佛教徒，同时亦信奉道教。白居易崇尚道教，虽未像李白那样受过道箓成为真正的道教徒，但服食丹药的行为是确有其事的，就他诗歌的用词用语是可以得到验证的事实。

白居易一生笃信佛教，可以说不亚于王维。他在《喜照密闲实四上人见过》诗中云："官职三分归洛下，交游一半在僧中。"又有"薄食当斋戒，散班作隐沦。佛容为弟子，天许作闲人。"（《闲卧》）在白居易诗集中，不乏他同僧徒交往的诗作。特别是晚年退居洛下时，吟咏持斋、坐禅，同禅僧唱和的诗作，更是屡见不鲜。

通过以上对白居易诗歌中佛、道教偏正式复合词的分析，我们便可以看出白居易栖心于佛教的倾向，我们完全可以断定白居易的宗教信仰是佛教。因为，我们还可以就他的诗歌追寻到他佛教信仰的宗派。白氏作于大和二年（828）的《戊申岁暮咏怀三首》之一有诗句云："龙尾趁朝无气力，牛头参道有心期。"按"牛头"，指佛教禅宗牛头宗。[9]第四章第六节据《五灯会元》记载：白居易乃中唐禅宗高僧佛光如满和尚弟子，为禅宗南岳下第三世法嗣。其晚年自号"香山居士"，居士，乃是在家修行的佛家弟子。由此可见，白居易晚年向佛，并倾心于南宗禅学。这或许就是其诗歌中佛教词语众多的原因吧。然而白居易信道、信佛，却又说"有营非了义，无著是真宗"（《感悟妄缘题如上人壁》），真有点大彻大悟的感觉！又或许在栖心释梵、佯狂诗酒的背后，正透露出白居易晚年百无聊赖而又无可奈何的寂寞凄苦的心境——宗教信仰最终也没能让他彻底摆脱人世间的苦恼。

参考文献：

[1] 曹雪芹，高鹗. 红楼梦 [M]. 北京：人民文学出版社，1982.

[2] 葛丽英. 浅谈佛禅对白居易诗歌创作的影响 [J]. 内蒙古农业大学学报，2002 (4).

[3] 蹇长春. 白居易评传 [M]. 南京：南京大学出版社，2002.

[4] 李延寿. 南史 [M]. 北京：中华书局，1975.

[5] 全唐诗 [M]. 北京：中华书局，1960.

[6] 全唐文 [M]. 北京：中华书局，1983.

[7] 司马光. 资治通鉴 [M]. 北京：中华书局，1956.

[8] 宋裴飞. 论佛教对白居易等人诗歌创作的影响 [J]. 许昌学院学报，2008 (3).

[9] 汤用彤. 隋唐佛教史稿 [M]. 北京：中华书局，1982 年.

[10] 王笑雨. 浅析白居易诗歌中的老庄典故 [J]. 安阳师范学院学报，2016 (6).

[11] 中华大藏经 [M]. 北京：中华书局，2004 年.

[12] 朱金城. 白居易集笺校 [M]. 上海：上海古籍出版社，1988.

（作者地址：黄英，四川师范大学文学院，成都 610068；唐莉，四川师范大学图书馆，成都 610068；户美娟，四川泸州市高级中学，泸州 646000）

地名“X 各庄”的形成与明初移民

高光新[①]

摘　要　地名“X 各庄”的分布很有规律，只出现在山东、天津以及河北、北京的部分地区，只涵盖汉语北方方言的一部分地区，这个分布特点说明“X 各庄”形成的决定因素不是方言或者语言接触。通过分析可以发现，决定因素是明初的移民，在这四个省市同时有山西和山东人居住的地方会出现“X 各庄”。

关键词　X 各庄　明初　移民

一、地名“X 各庄”的分布范围与出现年代

山东、河北等地有很多叫“李各庄”“王戈庄”“张葛庄”

① 作者简介：高光新，唐山师范学院中文系副教授，主要研究方向为训诂学。

“刘格庄”的地名，可以统称为“X 各庄”。

（一）“X 各庄”的分布范围

地名“X 各庄”分布在华北地区，具体来说，只出现在河北、北京、天津和山东四省市，其他地方则没有。在这四省市内，各庄的分布也不平衡。据陆天桥的统计（原文注明“家庄”还代表“家营”“家村”“家楼”等，“各庄”还代表“戈庄”“格庄”等），山东全省各个地级市都有各庄，天津没有显示各区县的详细数据，北京的石景山区和延庆区没有各庄，东城区和西城区没有数据，河北省的十一个地级市，承德、张家口、石家庄、邯郸四地没有各庄。[6]有一个细节陆先生的文章没有揭示出来：秦皇岛的青龙满族自治县也没有各庄。

这个分布区围绕在渤海西半部，从山海关往西，沿渤海沿岸，直到胶东半岛。分布区有严格的边界，北部局限在秦皇岛（除了青龙县）、唐山、北京（除了石景山区、延庆县），这些地方除了石景山区都在明长城以南（明长城从今北京怀柔往西分为两道，其中张家口位于南线以北），也就是说北界线是明长城；西部的界线是冀鲁官话与晋语的分界线，冀鲁官话有各庄，晋语没有；南部界线是山东与河南、安徽、江苏的省界，山东有各庄，河南、安徽、江苏没有各庄。也就是说，各庄在陆地上的界线，北部是明长城，西部是方言分界线，南部是省界。

（二）“X 各庄”出现的年代

《丰润县志》记录了本地村庄的建立时间，以高丽铺乡、披霞山乡、大安乐庄乡为例，三个乡共有“X 各庄”6 个，大宋各庄建于唐代，卢各庄建于唐末，小王各庄、张良各庄建于宋代，西黄各庄建于明代，小宋各庄建于清初，前后延续一千多年。[3]69这样的记录是否准确？一个村子建立之后有没有更改名称的可能？没有确切记载。

《北京市平谷县地名志》对于各庄出现的时间记录得相对明确一些，以夏各庄乡为例，这个乡有“X各庄”4个。

> 夏各庄：商代成村，村东有居住遗址。原名夏家屯，因夏姓先来建村故名。金、元仍称夏家屯。清改今名。[7]111
>
> 马各庄：汉代成村，原称马家庄，因马姓落户建村而得名。清顺治年间改称马各庄。[7]112-113
>
> 杨各庄：明代成村，称杨家庄，因杨姓在此落户建村而得名。清朝时期改称杨各庄。[7]114
>
> 张各庄：汉代成村，村北有汉代居住遗址，当时村名不详。明朝时称张家庄，因张姓是村中大户，故名。清朝时改称张各庄。[7]116

平谷县（今平谷区）的四个各庄都是清代从家庄改过来的。以上两本地方志所提供的资料说明，村子建立之初所使用的村名不一定是现在使用的各庄村名，例如平谷县的四个各庄，一个在商代成村，两个在汉代成村，一个在明代成村，但名称都有改动。所以，《丰润县志》所提供的“X各庄”建立的时间只是这个村子建立的时间，而不是“X各庄”这个名称出现的时间。《北京市平谷县地名志》提供了确切的最早的时间上限，是清代顺治年间，那么这是不是最早的时间呢？

华北地区村庄出现时间最集中的是明代，尤其是明初。以廊坊为例，据廊坊地区地名办公室编于1985年的《廊坊地区地名志》统计，全区3116条聚落地名，有1752条是明初形成的，占总数的 56.2%（第 203 页）。再以唐山滦南县为例，《唐山市地名志》："据地名普查统计，这里（唐山）明初建村的约占现有自然村数的 70% 左右，而明代以前建村的仅占 9%。南部诸县明代建村的比例更大，如滦南县明代建村的约占 89%。"[8]17 那么，各庄出现的时间上限会不会是明代？检索历史文献，各庄最早出现在明代。

> 王家岭，在县西四十里张各庄。民人王姓开道，行车马，故名。(《宛署杂记·山川》)
>
> 灵福寺，在田各庄，至元间，僧海云建。(《宛署杂记·僧道》)
>
> 滦自永平西门外，经流一百五十四里，而至纪各庄入海。(《万历野获编·吏部》)

《宛署杂记·铺舍》记载的宛平"城外村庄共三百二十八处"，包括张各庄、何各庄、田各庄，另外还有张家庄、宋家庄、薛家庄、宋家庄、齐家庄、李家庄、梁家庄、陈家庄、刘家庄等。《宛署杂记》成书于 1593 年，所记载的三个各庄都在今北京。《万历野获编》成书于 1618 年之后，所记载的纪各庄在今唐山乐亭，所记录的历史事件是"永平海运"，嘉靖二十九年庚戌（1550）之后，为了向卢龙运粮，大臣建议通过海运，可以节省人力物力，在滦河口的纪各庄建仓库，更有保障。通过以上两书的记载可以看出，各庄最晚在明中期就出现了。

考虑到文献记载有一定的滞后性，结合村庄聚落出现的时间，可以推断，各庄出现的年代不会早于明初。

（三）早期各庄的出现不是因为语言因素变动

根据“X 各庄”的分布特点，可以认为它的出现不是语音演变或者语言接触造成的，例如蒙古语或者满语等阿尔泰语系与汉语进行语言接触。因为无论是何种语言变化，都不会产生如此明显的界线，尤其是与行政区划有严格的重合，也不可能只局限在京津冀鲁四地，而不影响其他省区。

一个需要进一步分析的问题是“各庄”与“家庄”的关系问题。有些观点认为各庄保留了家庄的古音，是家庄的转写，这需要进一步分析。

根据《汉字古今音表》，元代“各”的拟音是 gɑo［kɑu］，“家”的拟音是 giɑ［kia］，声母和韵母都相差很大。[5]

到了明代，刊行于万历三十年（1602）的《重订司马温公等韵图经》，作者张孝，北京人，此书反映北京音，有声母十九个，有 g、k、h、z、c、s，没有 j、q、x。[4]175成书于万历三十九年（1611）的《元韵谱》，作者乔中和，内丘人，此书反映河北音，有声母二十一个，有 g、k、h、z、c、s，没有 j、q、x。[4]180成书于崇祯十五年（1642）的《韵略汇通》，作者毕拱辰，莱州人，此书反映山东音，与前两种一样，都是有声母 g、k、h、z、c、s，没有 j、q、x。[4]186

到了清代，与 i 或 i 开头的元音相拼的 g、k、h、z、c、s 演变为 j、q、x，因此家［kia］的声母从 g 演变为 j，而各［kau］的声母保持 g 不变。

由此来看，在各庄已经出现的明代中前期，各庄与家庄并存，家的声母还没有从 g 变成 j，各与家的声母都是 g，不存在转写的必要性。只能说分化以后，各保持了各、家相同的中古音声母，家演变出了新的现代音声母。

地名更容易保留比较早的读音，由于家的声母发生变化，又由于各庄存在，所以为了易于记录村名读音，有些家庄转写为各庄，前面所举《北京市平谷县地名志》的例子能验证这个观点。

综上所述，分析“X 各庄”的来源需要区别时间段，明代的各庄应该是独立出现的，清代的各庄有些是家庄的转写，有些是其他原因，例如《北京市平谷县地名志》所列举的例子。

二、移民对“X 各庄”形成的影响

明初华北大量村庄出现的历史背景是洪武、永乐年间的全国大移民。我们认为各庄出现的原因是明初的移民。

《明史·食货志·户口》：“太祖采其议，迁山西泽、潞民于河北。众屡徙浙西及山西民于滁、和、北平、山东、河南。又徙登、莱、青民于东昌、兖州。……太祖时徙民最多……成祖核太原、平阳、泽、潞、辽、沁、汾丁多田少及无田之家，分其丁口以实北平。自是以后，移徙者鲜矣。”朱元璋洪武年间移民最多，把大量山西人口移到河北、山东，朱棣永乐时期又把大量山西人口迁移到北平一带，此后政府组织的移民活动基本结束。

明初北撤的蒙古贵族仍然占领内蒙古高原，到洪武三年（1370），蒙古贵族分裂为三部，其中兀良哈部在西辽河以北的嫩江流域。朱棣“靖难之役”过程中，大量兵力被调往南方前线，兀良哈部趁机南下，致使明朝实际的北界是长城沿线。张家口、承德、延庆、青龙等县都在明长城以北，明初的移民没有到达这四个地方，所以没有各庄出现。

（一）洪武、永乐时期的移民

1. 洪武时期山东、河北迁入的移民

洪武时期山东分为六个府，分别是登州府、莱州府、青州府、济南府、东昌府和兖州府。根据统计，洪武年间山东六个府都有来自山西的移民，除了最东部的登州之外的五个府都有来自河北的移民。

东昌府，民国二十三年《临清县志·疆域志三》：“明初临清编户惟六图，图即里。洪武八年割堂邑即墨、潞州之民，增图三十六。”堂邑位于临清南部，即墨今属山东青岛，潞州今山西长治一带。

兖州府，光绪三十三年《平阴乡土志·氏族》列举了该县的15个大族，其中有5个大族是元末到明初洪武年间从山西迁入的，1个大族是从青州府迁入的。

青州府，民国二十五年《重修莒志》卷四十《民社志·氏族上》记载，本地洪武年间迁入的58个族，有4个来自山西，2个来自河北。

莱州府，民国《潍县志·民社志·氏族》记载，本地洪武年间迁入的165个族，有90个来自山西，19个来自河北。

从数量上看，来自山西的移民数量最多，有121.4万人，占移民总数的65.5%，其次是河北的移民，有35.4万人，占移民总数的19.2%，来自这两个省之外的移民比较少。（数据来自《中国移民史·明时期》）[1]213-214

洪武时期的河北（包括京津）被划分为八府、二直隶州。真定府相当于今石家庄、衡水西部，顺德府、广平府在今邯郸、邢台一带，大名府除了大名、魏县在今邯郸，其余的部分都在今河南境内，除真定府、顺德府几乎没有移民迁入，其余六个府均有移民迁入。

其中北部的顺天府主要是由军人和长城以北迁入的移民，洪武四年闰四月，从北平和山东补充北平府军人 4 万余人(《明太祖实录》卷六十三)，到了六月，徐达迁徙长城以北移民 19 万余人到顺天府(《明太祖实录》卷六十六)。永平府的移民较少，洪武六年十二月迁徙辽东瑞州居民到滦州(《明太祖实录》卷八十六)，没有记载人数。保定府、河间府、广平府、大名府的移民主要来自山西，河间府有少量山东移民。

延庆州大致相当于今北京延庆，保安州在张家口，都在长城以北。另外，张家口其余地方归宣府镇管辖，承德、青龙县则不能完全受明政府控制。这些地方都没有移民迁入。

2. 永乐时期山东、河北迁入的移民

永乐时期山东东部没有民籍移民，只有 6 万来自云南及四川的军籍移民；山东西部有来自山西、河北和山东东部的民籍移民，以及少量来源不清的军籍移民。永乐时期河北的移民，其中北京城的移民主要来自南京，极少量是内附的蒙古女直；顺天府、永平府、河间府、隆庆州、保安州都有来自山西和山东的移民；保定府、真定府只有来自山西的移民。

总体来看，洪武、永乐时期山东、河北各地都有山西移民；山东除了最东部的登州，其余五个府都有河北移民；河北除了真定、顺德，其余地方都有山东移民。对应现在的区域划分，登州有各庄，真定、顺德没有各庄。

表1　永乐时期山东、河北迁入移民统计表

地区		民籍	身份	主要迁出地	军籍	主要迁出地	合计
山东	东昌府	1	农民	山西及胶东	1.5		2.5
	兖州府	6.5	农民	山西及胶东			6.5
	济南府	0.6	农民	枣强	0.6		1.2
	登州府、莱州府				6	云南及四川	6
河北	北京城	17.5	富户、工匠、官吏	南京	70	南京	87.5
		0.2	内附蒙古女直	内蒙古及东北			0.2
	顺天府	14.5	农民和罪囚	山西及各地	25	山西	39.5
	隆庆州、保安州	2.2	农民和罪囚	山西、山东等地			2.2
	永平府	4	农民和罪囚	南方及各地	10	山东和山西	14
	河间府	20	农民	山东及山西	14	山东和山西	34
	保定府	2.5	农民	山西	7	小兴州	9.5
	真定府	15	农民	山西	2		17
其他地区		4.6			1.1		5.7
合计		88.6			137.2		225.8

（单位：万人。数据来自《中国移民史·明时期》[1]242）

（二）明初邻近区域移民情况

明初与本区域相邻的河南、辽东地区也有移民。河南与山东、河北接壤，在洪武时期有移民迁入，这个时期“河南地区接纳的移民成分是相当简单的，大部分的民籍移民来自山西……来自山东的移民很少有越过安徽界外的”[1]264-265。可见洪武时期河南的移民主要来自山西，几乎没有来自山东的。到了永乐时期，河南没有移民迁入。

明初曾在辽东设立辽东行都司，辽东的北部在陆地上以山海关为界，与永平府接壤，南部虽然与山东隔海相望，但都属于山东布政使司，明初辽东迁入的移民主要是民间自发的，没有留下确切的移民数据，因此无法判定一定会有来自山西或山东的移民。

三、结论

明初河北、山东各府，对应现在各庄的分布，北京（除了延庆、石景山）、天津、河北（除了张家口、承德、石家庄、邯郸、青龙县）、山东四省区，延庆、张家口、承德、青龙县在明初位于北界之外，没有移民迁入，邯郸也没有移民迁入，石家庄的移民主要来自山西，所以没有各庄出现，四省区其他的地方都有移民迁入，并且都有山西人和山东人，无论是土著还是移民，因此，明初同时有山西人和山东人居住的地方就会出现各庄。明初的河南由于只有山西移民迁入，而没有山东移民迁入，所以没有各庄出现，辽东没有确切的证据显示有来自山西或山东的移民，因此也没有各庄出现。

明初同时有山东人和山西人居住的地方会出现各庄，这个概念指一定区域范围内，而不是具体到村，有的村叫各庄，它所在的区域符合这个条件，但村里不一定同时有山东人和山西人，同样还可以反推，同时有山东人和山西人的村子也不一定叫各庄。1936 年调查丰润米厂村和昌黎前梁各庄的姓氏住户，米厂村的董姓是明初永乐年间从山东河山府中山县迁来的(《冀东农村实态调查报告书 · 统计篇 · 昌黎县》)，[2]231 当时村里有林、樊等姓，是否有山西人迁入，也没有记录。前梁各庄的傅、白、赵、苏姓是明初永乐年间从山西迁来的(《冀东农村实态调查报告书 · 统计篇 · 昌黎县》)，[2]323 当时村里有土著杨、梁等姓，是否有山东人迁入，没有记录。

各庄的分布格局是由明初的移民造成的，同时有山东人和山西人居住的地方会出现各庄，至于其中的原因，除了移民原因外，一个可能的原因是为了避免重复，相互区别，各、家读音相近，又有区别，《宛署杂记》所记载的村名有张各庄、张家庄，有田各庄、田家庄。现代的例子，1982 年丰润村庄更名，老庄子公社陈庄子村改为陈家庄，三女河公社陈庄子村改为陈各庄。[3]68

清代及以后形成的各庄，一部分是家庄的转写，其余的部分则有另外因素。

参考文献：

[1] 曹树基. 中国移民史 · 明时期 [M]. 福州：福建人民出版社，1997.

[2] 范毅军. 华北农村聚落的形成及其土地问题 [A] //许倬云等. 第二届中国社会经济史研讨会论文集. 台北：汉学研究及资料服务中心，1983.

[3] 丰润县地方志编委会. 丰润县志 [M]. 北京：中国社会科学出

版社，1993.

［4］耿振生. 明清等韵学通论［M］. 北京：语文出版社，1992.

［5］李珍华，周长楫. 汉字古今音表［M］. 北京：中华书局，1999.

［6］陆天桥. “杨各庄”等地名的地理分布及其音变的历史意义［J］. 东南文化，2006（5）.

［7］平谷县地名志编委会. 北京市平谷县地名志［M］. 北京：北京出版社，1993.

［8］唐山市地名办公室. 唐山市地名志［M］. 石家庄：河北人民出版社，1986.

（作者地址：唐山师范学院文学院，河北省唐山市 063000）

传播与演变[①]

——明代以来四川方言形成概述[②]

周及徐

摘　要　当代田野调查资料所反映的四川方言的分布格局是：横斜着的岷江把四川方言一分为二，岷江以东以北为“湖广话”方言，岷江以西以南为“南路话”方言。前者是明清湖广移民带来的方言，后者是元明以前四川本地方言的残存，这说明四川方言是传播与演变两种方式作用的结果。

关键词　移民　演变　四川方言　明代以后

① 基金项目：国家社会科学基金后期资助项目（17FYY004）“岷江流域方音字汇——20世纪四川方音大系”之一。

② 作者简介：周及徐，四川师范大学语言学教授，研究方向为汉语史。

一

此前，现代语言学意义上的比较全面的四川方言调查有两次。第一次是抗日战争时期的中央研究院历史语言研究所的调查，成果是《四川方言调查报告》[4]。第二次是20世纪50年代末四川三所高校（四川大学、四川师范学院和西南师范学院）的联合调查，成果是《四川方言音系》[3]。现在我们所做的，是四川方言的第三次全面的田野调查。从2007年到现在，十多年过去，我们基本实现了计划的目标，已出版了现代四川方言调查成果的第一部《岷江流域方音字汇——20世纪四川方音大系之一》[10]，后面的两部《嘉陵江方音字汇——20世纪四川方音大系之二》和《金沙江方音字汇——20世纪四川方音大系之三》正在进行中。而且我们还有一些另外的收获：从这些资料去观察四川方言在元明清以来的发展历史。下面论述和引述的有关文章，是基于对四川上百个方言点田野调查和语音资料分析的成果。

与其他地区汉语方言连续发展到现代的情况不同，四川方言的发展在近六百年的历史中经历了中断、移植填补到再发展的历史。南宋末的宋元战争、明末清初近半个世纪的战乱使四川人口锐减，以致形成人烟断绝、方言中断的局面。由于人类自身的错误乃至罪行，内战毁掉了四川地区辛勤积累建立的文明，等到约五十年以后，才从四川以外的地区移民，以恢复生活和生产。这是中国历史乃至世界历史上罕有的情况。由于文史人员被杀戮殆尽而记录中断，以致在中国现存正史资料中，这一段重要的历史没有详细的记载，只有一些野史和文人笔记[①]有零星的记录。对于这些资料所描述的那些令人瞠目结舌的血雨腥风，人们又往往因为习见，对这些材料的可信度持疑，至今各执一端、众说纷纭。眼见得这一段历史就要湮没无闻了。

幸而我们还有语言学。

历史语言学告诉我们：语言是观察历史的窗口。语言作为一种社会文化的产物，同时又是一种客观的存在，既与人类社会伴生，又有自己独立的规律，不以人的意志为转移。人类社会的历史变迁会在语言树上留下“年轮”。当代田野调查收集到的语言资料，用历史语言学的方法分析，可以找出语言发展变化的线索，观察语言和社会历史的联系。十多年来，我们团队调查了约一百六十多个四川汉语方言点（进行中的“20 世纪四川方音大系”项目计划只采用其中一部分），通过对所调查的方言资料进行分析，我们可以看到四川方言在元明以来的发展轮廓，可以印证这一段历史。

田野调查资料所反映的四川方言（包括重庆地区）的分布格局是：从西到东流过的岷江把四川方言一分为二——岷江以东以北为“湖广话”（入归阳平），岷江以西以南为“南路话”（入声独立）。前者为主，约占三分之二，成渝地区的主要城市都讲这种话；后者为次，约占三分之一，主要是川西南农村地区讲这种话。

岷江以东以北入归阳平的方言，按当代语言学的方言划分叫

① 清代文人笔记有《蜀难叙略》《蜀难纪实》《蜀碧》《蜀龟鉴》等，四川师范大学《语言历史论丛》第六、七、八、九、十一辑（2013—2018）有节选注译，可参看。

作西南官话成渝片①[6]，而本地人叫这种方言为“湖广话”，讲这种话的人叫“湖广人”。“湖广”是明清留下来的名称，指当时的湖北、湖南两行省，所以“湖广人”指来自湖北湖南的人，“湖广话”指这些人所讲的方言。这些流行民间的名称反映了明清时期两湖向四川移民的历史。现在湖广话一般指以成都、重庆两地的方言为代表的通行于成渝地区方言，具有西南官话的共同特征，例如4 个声调、古入声字归阳平。它也有自己的一些特征，例如不分平翘舌声母，（洪音前）不分鼻、边音声母，调值相似，等等。成渝湖广话覆盖了东起重庆万州西到成都的岷江以东以北地区。从地理位置上说，整个四川盆地，除去岷江（以及沱江）西南部分，大都是湖广话地区。从当地人的意识上说，通常说的四川话就是成渝两地为代表的湖广话。[8]从历史形成上看，重庆话在湖广话的中心，大约在明代洪武移民时期就已经形成，成都话则处在湖广话最西端，位于与四川另一大方言“南路话”的结合部，是清代前期移民才形成的。[13]

当地老百姓传说湖广话是明清“湖广填四川”从湖南、湖北两省移民过来的。从语音资料分析这些方言的音系，四川省、重庆市的主要城市（如广元、绵阳、成都、南充、遂宁、广安、达州、重庆、万州等）都讲入归阳平的湖广话，它们与长江三峡以东江汉平原地区宜昌等地的话十分接近，音系几乎完全相同。[9]笔者曾到湖北的恩施、利川一带调查，当地人讲话与四川湖广话完全相同。宜昌一些当地人讲话，可以混同于成都话，比

① 《中国语言地图集·汉语方言卷》第二版（2012）称“成渝小片”，区划略有不同。

重庆话还近成都话。可以确定，四川的“湖广话”是从这些地区，经过长江三峡，来到四川盆地的。四川的湖广话是明清大移民以后传播到四川并发展起来的，与民间传说相符。这一点，在20世纪80年代的研究中就认识到了。四川大学的崔荣昌教授指出：“元末明初的大移民把以湖北话为代表的官话方言传播到四川，从而形成了以湖北话为基础的四川话；清朝前期的大移民则进一步加强了四川话在全省的主导地位，布下了四川话的汪洋大海。”[1]14仅就成渝地区湖广话的形成来说，我们同意崔荣昌的这个结论。但是，就整个现代四川方言的组成格局来说，把全部四川方言都看成是明清湖广移民的结果，这个结论有偏差。

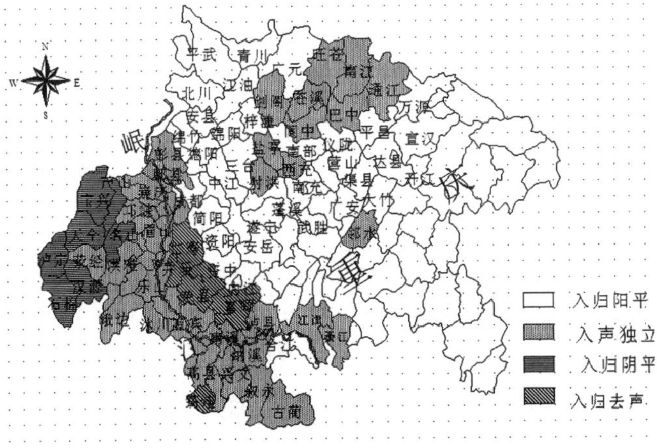

现代四川方言小片分布①

四川岷江以西以南的入声独立为主的方言，按现代方言划分

① 此图由四川师范大学教师周岷用 GIS 系统绘制。

叫作西南官话的灌赤片①[6]，包括岷江小片、雅棉小片和仁富小片②。本地人把成都周围农村人讲的方言叫“南路话”或“南路腔”③，讲这种话的人叫“南路人”，是晚清时期就存在的名称，旧时带有鄙视的意味。“南路人”和“南路话”是川西地区民间很普遍的概念。南路话在语音、词汇上都有自己明显不同于湖广话的特征，最突出的语音特征是5个声调、入声独立。南路话的分布沿岷江以西以南，从成都周围的都江堰、温江、崇州、大邑、邛崃、蒲江和新津一带一直向东南延伸，在更大的范围上，经乐山、宜宾直至泸州地区，再向东北和东南分别进入今重庆市南和贵州北部。雅安地区的雅棉话和自贡地区仁富话，实际上与南路话相近，只不过雅棉话把入声调归到了阴平调，仁富话把入声归到了去声，都是南路话的近亲或分枝。我们的研究表明，南路话不是明清湖广移民入川带来的，而是宋元以前四川本地方言的后裔。[8][11]

要揭示南路话与湖广话不同的历史地位，除了南路话与湖广话语音系统不同、词汇系统有区别以外，还有两个比较易于说明的特点。一是地理分布。为什么湖广话和南路话大致以岷江为界？绝大多数南路话分布于岷江以西以南，这是什么原因？地理上的明确分界与历史上的战争有关。因为明末四川的战乱和屠杀主要发生在岷江以北以东的四川中心地区，而地处边缘的岷江以

① 《中国语言地图集·汉语方言卷》第二版（2012）称“西蜀片”，区划略有不同。

② 仁富小片在岷江和沱江形成的三角形区域内，在岷江北岸。

③ 成都作家李劼人创作的反映成都1910年前后生活的长篇小说《死水微澜》中，称之为“南路腔”。

西以南地区损失比较少，所以明清移民填补了因战乱空虚的四川中东部地区，而岷江在地理上的阻隔保护了原有的方言。二是现代四川境内客家话和湘方言的分布。许多的研究证明：四川境内的客家话和湘方言是清代移民的结果，而四川境内的客家话和湘方言的方言岛总是分布在湖广话的区域内，在南路话区域内几乎没有分布。这正好说明，客家话、湘方言和湖广话是在移民潮中一同来到四川的，而南路话原地存留，所以没有其他方言混杂其中。据我们的研究，四川荣县话是从湖北中部地区移民到四川的，落在了岷江以南，这是一个少有的例外。[14]

笔者母家成都，湖广人；父家崇州，南路人。先时，我曾问我外祖母（成都人，1900－1995）："我们（成都）家祖辈从哪里来?"用湖广话回答，斩钉截铁："湖广麻城孝感乡!"问我老姑母（崇州人，1916－2006）："我们（崇州）家祖辈从哪里来?"用南路话答："一直就在崇庆州啊!"觉得我问得很怪。对于他们的来处，当地人很肯定。我出生于成都，幼时父母送我回崇（庆）州老家生活，学得一口南路话，回到成都，小伙伴们嘲笑我："说的啥子话哦? 乡巴佬儿!"我很惶恐，又拼命地学回成都话。再回崇州，那里的人们又笑我："成都娃儿!"我又努力地回到南路话。一来二去，终于可以用两种话随机应变，以防被孤立。对这两种方言的差别，我可谓有切身体会。没想到，这后来在语言学上极大地帮助了我。

二

如前所述，崔荣昌教授关于四川方言和湖广移民的结论，没有注意到南路话与湖广话的音系的区别①，也没有意识到南路话在四川方言中的重要地位。崔荣昌在四川方言的划分中，四川话即湖广话，把大片的属于南路话的方言点归于“湖广话”之下，忽略了南路话与湖广话的区别。如崔荣昌《四川境内的湘方言》[2]“四川方言的形成”一节“四川的官话——湖广话”小节下，四川（和重庆）的160个市县219个点，除湘方言、客方言和北方河南话的三个点外，都是四川官话（即湖广话），没有南路话的地位。这就是说，现代的四川方言都是移民带来的，是传播的结果。

四川方言研究中的另一种观点，则是现代的整个四川方言都是明代以《蜀语》为代表的四川方言的延续，今天的四川方言，不论是湖广话，还是南路话，都是以《蜀语》为代表的四川明代方言演变的结果。四川大学教授甄尚灵、张一舟文《〈蜀语〉词语记录的方式》：“本文笔者之一，为遂宁土著，以今日方音读《蜀语》词语和音注，倍感亲切，觉得多与自己的用语相合。深信李氏是以当时遂宁方音做基础注《蜀语》中的词语。”[5]28今天的遂宁话是地道的湖广话，而《蜀语》是南路话音系。[12]如果二者一条线发展至今，四川方言在元明清时期没有发生大的替换或中断，只有连续的演变。这就是说，现代四川方言的差别是连续演变的结果。

前一种观点强调了明清战争破坏和历史移民因素，但忽视了明代四川方言与今南路话的继承性，把岷江左右的全部四川方言

① 南路话音系区别于湖广话音系有9个不同特征，参见《南路话和湖广话的语音特点——兼论四川两大方言的历史关系》。

都视为明清“湖广填四川”移民的结果。后一种观点强调了《蜀语》与今四川方言的连续性，而忽视了明清战争对四川的巨大破坏，认为湖广话和南路话都是明代以来四川方言连续分化演变的结果。这就错过了进一步揭示四川方言历史层次的关键线索。这两种观点，都会面临同一个问题：为什么岷江两岸会有湖广话和南路话两种截然不同的方言分布？四川方言在1644年到1900年之间约二百五十年的短时间内，能从同一的《蜀语》方言分化成现代的湖广话和南路话两种明显不同的方言吗？[11]

根据移民史和现代四川方言分布特点以及语音特点，我们提出：四川盆地岷江以西以南地区，以及相延续的长江以南地区的有独立入声调的“南路话”方言，应是更早的宋元时期古代四川方言的遗留。岷江以东以北四川中东部地区，以成都、重庆话为代表的成渝片“湖广话”方言，才是明清“湖广填四川”带来的方言。[9]二百五十年来四川方言变化的格局：由于明清战乱形成的四川人口空虚，湖广话移入，自东向西填补南路话留下的空白；南路话残存，退守较边远的四川西南地区。[12]根据实际的语音资料，南路话内部的分歧远比内部相对一致的成渝话要大，大致可以分为川西、川中和川南三种类型。南路话内部语音差异的悬殊，说明了它在当地演变分化久远的历史，它远比湖广话更为古老。湖广话和南路话的差别，并非是从同一起点分化的结果，而是“冰冻三尺非一日之寒”①。

① 还记得我的老师——四川师范大学杜道生先生（1912－2013），曾说他家乡的乐山话（南路话）是“大唐之音”。杜先生曾于1934年前后，在北大从沈兼仕学习音韵学，谈论乡音必有所据。只恨当初没有“打破砂锅璺（问）到底”。

三

方言调查还有继续的进展。

在成渝片方言湖广话的海洋中，散布着一些南路话方言，形成孤立的方言岛，如四川中部的射洪、盐亭、西充。我们在2007年以来的调查中还发现，《中国语言地图集》[6][7]标为成渝片方言区的地区，一些方言至今还保持着入声调独立等与南路话相似的特点，如成都的新都、广汉和双流等地。还有后来发现的川北的剑阁、旺苍、苍溪、巴中的一些乡镇①。这些分布在湖广话区域中的具有南路话特征的方言岛，应该是明清移民的潮流没有完全覆盖的元明方言的存留。古文献《蜀语》可以为证。

明代末年的《蜀语》是古文献中少有的珍贵的方言记音材料，保存了当时的四川方言语音。作者李实（1598－1676）是四川遂宁人，崇祯十六年（1643）进士，晚年在吴地（苏州）写成此书。今天的遂宁话是标准的湖广话。但不要误入陷阱：李实的遂宁话并不是今天的遂宁话，甚至连前身都不是。原因很简单，“李实离开遂宁后不久，遂宁被张献忠的军队屠城②，同时四川的广大地区也遭受屠杀并陷入长期的战乱。所以，李实在吴地写成的《蜀语》，是（依据）张献忠屠遂宁以及四川战乱之前的遂宁方言。”[15]我们曾把《蜀语》与南路话相比较，发现它们

① 见四川师范大学杨波、何治春、周夏冰、赵丽娟等人的硕士学位论文，陈鹏的博士学位论文。

② 明末遂宁被张献忠屠城，人口尽失。参看［清］张烺著，胡传淮注《烬余录》，中国文史出版社，2010年。

的音系是最接近的。[13][15]乍看起来很矛盾，实际上很合理：明代四川遂宁等地的方言，实际上是南路话的前身。明末战乱之后，遂宁才被移民带来的湖广话“填空”了。由此推开，明清移民以前，四川（包括重庆）地区的主要方言都是古代南路话。这就可以解释盐亭、射洪、剑阁、旺苍、苍溪、巴中的那些近于南路话的方言岛的存在了——它们是明以前四川土著方言的遗存。[10]难怪它们大都处在偏僻贫穷的山区！正是偏僻贫穷使它们躲过了兵燹，在战乱中幸存。四川的通衢平坦之处全遭洗劫①，生灵白骨，留下的荒芜之地，后来才为外省迁入的湖广话所填充。

今天的人们往往好奇于张献忠“江口沉银”的故事，关注那些水底的金银财宝。却不知道这事件的背后，历史上曾十分富庶的“天府之国”四川竟有过这么一段沉痛的历史。感慨之余曾有诗一首：

明末四川浩劫竟致方言替换有感

巴语蜀言何处寻？秦文汉字枉劳心。
刀兵从古黎民恨，魑魅横时国运沉。
天府无烟生气断，锦城走虎莽丛深。
劫波荡尽楚人至，满耳川原湖广音。

语言材料，可以作为观察历史的工具，让我们看到由于文献缺失看不到的东西。

由此可见，现代四川方言的格局是：东面横向传播而来的

① 参看四川师范大学汉语研究所《语言历史论丛》第五至十一辑连载明末清初四川战乱的史料及注释。

“湖广话”（今为强势方言），西面纵向演变而来的南路话（今为弱势方言）。现代四川方言由传播和演变两种模式各自作用，形成了两个历史层次。

参考文献：

[1] 崔荣昌. 四川方言的形成［J］. 方言，1985（1）.

[2] 崔荣昌. 四川境内的湘方言［M］. 台北：“中央研究院”历史语言研究所，1996.

[3] 四川大学中文系四川方言音系编写组. 四川方言音系［J］. 四川大学学报，1960（3）.

[4] 杨时逢. 四川方言调查报告［M］. 台北：“中央研究院”历史语言研究所，1984.

[5] 甄尚灵，张一舟.《蜀语》词语记录的方式［J］. 方言，1992(1).

[6] 中国社会科学院，澳大利亚人文科学院. 中国语言地图集［M］. 香港：香港朗文出版公司，1987.

[7] 中国社会科学院语言研究所，中国社会科学院民族学与人类学研究所，香港城市大学语言资讯科学研究中心. 中国语言地图集（第2版）［M］. 北京：商务印书馆，2012.

[8] 周及徐. 从移民史和方言分布看四川方言的历史——兼论“南路话”与“湖广话”的区别［J］. 语言研究，2013（1）.

[9] 周及徐. 从语音特征看四川重庆“湖广话”的来源［J］. 四川师范大学学报，2012（3）.

[10] 周及徐. 岷江流域方音字汇——20世纪四川方音大系之一［M］. 成都：四川大学出版社，2019.

[11] 周及徐. 南路话和湖广话的语音特点——兼论四川两大方言的历史关系［J］. 语言研究，2012（3）.

[12] 周及徐.“突变”还是“感染”——以四川方言为例［J］//汉

藏语研究集刊［C］. 南京大学语言研究所，2015.

［13］周及徐，周岷.《蜀语》与今四川南路话音系——古方言文献与当代田野调查的对应［J］. 语言研究，2017（2）.

［14］周及徐，周亚欧. 四川荣县话音系来源考察——明清“湖广填四川”的一项语言学证据［J］. 语文研究，2019（4）.

［15］周岷，周及徐. 从明代《蜀语》词汇看四川方言的变迁［J］. 语文研究，2016（3）.

（作者地址：四川师范大学文学院，成都 610068）

四川广元朝天区汪家乡话音系[①]

张　明[②]

摘　要　本文在田野调查的基础上，描述并分析了四川省广元市朝天区汪家乡方言音系的情况。朝天区地处川陕交界带，汪家乡地理位置较封闭，语音有较好的存古性，有入声独立、分尖团、分平翘舌、泥来母洪混细分等语音特点，但因其处于川陕交界地带，不同程度地受到汉中方言的影响，如少许知系字读唇齿音 f-。

关键词　汪家乡话　方言音系　语音特征

① 基金项目：国家社会科学基金后期资助项目 17FYY004“岷江流域方音字汇——四川 20 世纪方音大系”之一。

② 作者简介：张明，四川师范大学 2017 级汉语言文字学专业硕士，研究方向为现代汉语及四川方言。

一、概论

（一）地理位置

广元市朝天区位于四川省东北部，地处东经105°35′~106°17′，北纬32°31′~32°51′；广元市北，嘉陵江上游，川陕甘三省交界的边陲地带，是秦岭南麓蜀道起点上的第一个政治、经济、文化中心，素有“秦蜀重镇”“川北门户”之称。相传唐玄宗为避“安史之乱”而奔蜀，各州县曾在此迎驾，称“朝见天子”，故名“朝天”，引申为“朝天向上”之意。朝天区南北相距43公里，东西相距63公里，地势为东北高，西南低，区内有108国道、宝成铁路复线和京昆高铁纵贯南北。[2]

图1 朝天区地理位置图

汪家乡位于朝天区东南方向，东壤旺苍，西接麻柳，北邻李家，面积36.85平方千米，属岩溶台地中山喀斯特地貌，地处朝天区东南高寒山区，周围有郑家山、观音岩、代家山、董家山等高山。地下水丰富，年平均气温 13℃。汪家乡离 108 国道及京昆高速较远，本地人口稀疏，只有七千多人（来自第五次人口普查数据）。交通不发达，地区山路崎岖，今只有一条狭窄的乡路与外界沟通。

图 2　汪家乡地理位置图

（二）田野调查情况

调查时间：2018 年 10 月 3 日。调查地点：朝天区汪家乡。调查人：张明（四川师范大学 2017 级硕士研究生）、丁玲（四川师范大学 2017 级硕士研究生）。本次调查得到了朝天区退休干部李明显老师的帮助，在此感谢。

发音人：刘三训，男，1969 年 4 月出生，朝天区汪家乡协议村 5 组，中师文化程度，教师，讲本地话。

本次田野调查使用上海师范大学潘悟云教授等人研发的语言田野斐风系统软件录音，录音设备由四川师范大学文学院语音实验室提供。录音内容以中国社会科学院语言研究所《方言调查字表》为基础，根据四川方言的自身特点有所删减。发音人用本地话依次读字表，笔者用斐风听记音，用方言处理系统分析音系以及 Praat 分析声调调值，最后得出汪家乡话语音系统。

二、音系

（一）汪家乡话声母

汪家乡话有 23 个声母，其中 1 个零声母。

表 1　汪家乡话声母表

p 碑把鼻八	ph 铺品赔拍	m 磨麻米每	f 夫肺乏	
t 多杜搭	th 天台塔	l 奴李拉连		
ts 租坐剪节	tsh 财错族清		s 锁色斜	
tʂh 猪主照侄镯	tʂh 茶春陈出		ʂ 沙世赎属	ʐ 绕肉
tɕ 金件局	tɕh 敲桥劝	ȵ 牛女业	ɕ 希许协	
k 歌各	kh 宽狂	ŋ 鹅爱额	x 花华鹤	
ø 艺儿裕叶				

声母说明：

（1）f-后接单元音时摩擦强烈。

（2）声母 ʐ-的实际音值摩擦较弱。

（3）声母分舌尖前 ts-、tsh-、s 与舌尖后 tʂ-、tʂh-、ʂ-两组，舌尖前发音部位略靠前。

（4）实际读音中有声母 n-，为 l-的变体不区分意义，统一记作 l-。

（5）声母 ŋ-只出现在开口呼前，软腭阻塞明显，鼻音气流弱，读音较为粗重，近似于 ŋg。

（6）声母 kh-、th-的送气较强。

（7）精组细音前读舌尖前音，不腭化，分尖团，如“箱”［sɿaŋ1］≠“香”［ɕiaŋ1］。

（8）声母 ph 后接单元音 i 时带有明显的摩擦，实际音读［phzɿ］，如“皮”读为［phzɿ2］。

（二）汪家乡话韵母

汪家共 37 个韵母，其中单元音 9 个，复元音 15 个，鼻韵母元音 13 个。

表 2　汪家乡话韵母表

ɿ 西屁寺习席	i 低币几吸力笛	ʊ 土富谷足	y 女橘玉
ʅ 制师十日食石			
ɚ 二儿			
ᴀ 把拉塔发	iᴀ 下假甲	uᴀ 画瓜挖刮	
o 饿末托桌	io 脚药		
e 车折北格隔	ie 借业协杰切	ue 阔国	ye 绝月血
ai 改柴	iɛi 戒解	uai 怪瑰拐歪	
ei 贝买赔色		uei 对吹水随	
ao 桃饱照	iao 交庙叫		
əu 狗手	iəu 流油幼		
an 贪喊看搬	iɛn 尖甜眼仙县	uan 端关晚	yɛn 全原
en 针恩门粪灯坑	in 品银兵定	uen 村笋问	yn 俊云永
aŋ 帮张胖	iaŋ 娘江	uaŋ 装光双	
oŋ 猛东冬亩松	ioŋ 兄穷用		

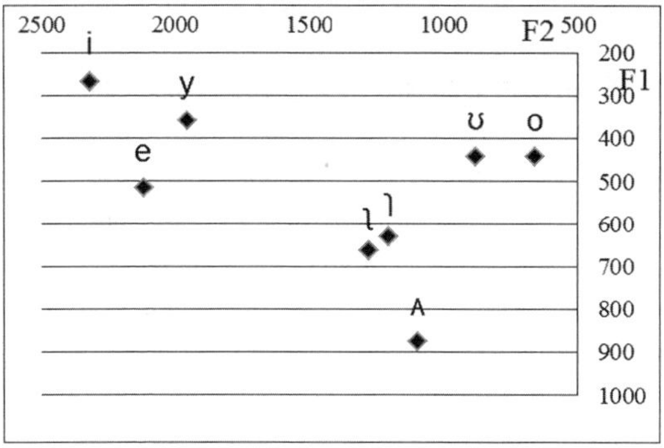

图3　汪家乡话元音舌位图

韵母说明：

（1）元音［a］，ai、uai 中 a 实际音值是 æ；an 在三等山韵时主元音接近于 ɛ，如“山”［ʂɛn］；uai 韵中佳韵主元音 a 偏高接近与 æ，如“坏”［xuæi］。

（2）舌尖元音 ʅ 比普通话偏低。

（3）主元音 i 比普通话高。

（4）元音［o］，o 做单韵母时，前略带 u 音，记作 o，如“握”［uo］；ao、iao 中的 o 实际偏低接近于 ɔ，FI 与 F2 的距离较近，记音记作 o。

（5）单元音韵母 i、y，在单字音中，常有衍音 i^{e}、y^{i}。

（6）元音［e］在复元音 iei 中，主元音有时偏低，接近于 ɛ，如“蟹”［ɕiɛi］；e 在复韵母 uen 中偏央，实际音读是 uən，如“春”［tʂhuən］。

（三）汪家乡话声调

汪家乡话单字调有 5 个，分别是：1. 阴平、2. 阳平、3. 上声、4. 去声、5. 入声。

表3 汪家乡话声调表

1. 阴平（34）争初双占多拖租签猫铅松	2. 阳平（42）排埋毛浮绸愁物托
3. 上声（454）把表品反野女武	4. 去声（214）被骂父坐像柱柿货布破步卖
5. 入声（22）息织食益	

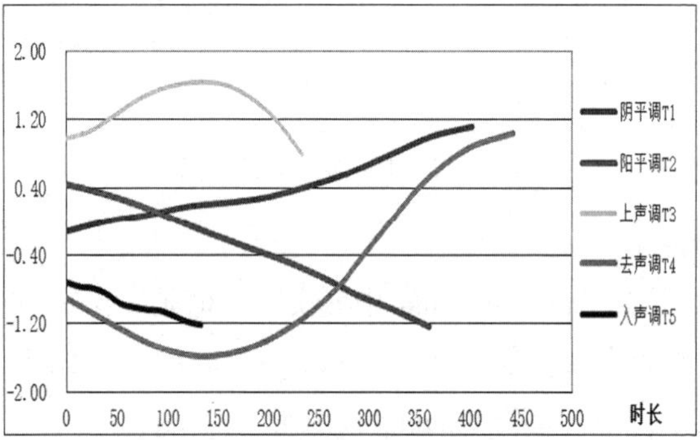

图4 汪家乡话声调绝对时长曲线图

声调说明：

（1）阴平是一个升调升势较缓，阳平是一个中降调降势较陡；上声高弯拱调，前段升势和后段降势都较陡；去声调是一个凹调记作214；入声是一个低平平调，略微呈下降趋势。

（2）就调长而言，阴平、阳平、上声、去声、入声分别为：402ms、360ms、233ms、442ms、133ms，去声调最长，入声调最短。

三、汪家乡话的特征

朝天区汪家乡方言有以下几个存古特征：分尖团，分平翘，一些古入声字入声独立。具体如下：

1. 古全浊声母塞音、塞擦音平声字今送气，如“茶”［tʂha2］、“图”［thu2］、“茄”［tɕhie2］；古全浊声母仄声今不送气，如“大”［ta4］、“坐”［tso4］、“步”［pu4］；少部分例外字，如“造”［tshao4］。

2. 泥来母相混，如 n、l 不具有区别音位的作用，如脑 = 老［lao3］，农 = 龙［loŋ2］。

3. 泥来母洪混细分，洪音前读 l-，细音前读 ȵ-，如“女”［ȵy3］、“鸟”［ȵiao3］、“路”［lu2］、“浪”［laŋ4］。

4. 精组字在细音前普遍不腭化，分尖团，如酒［ts-］≠九［tɕ-］，箱［s-］≠香［ɕ-］。

5. 分平翘舌，如阻［ts-］≠主［tʂ-］，紫［ts-］≠指［tʂ-］。

6. 个别知系字读唇齿音 f-，有书［fu1］、水［fei3］、耍［fʌ3］。段亚广认为知系读唇齿音与合口介音的摩擦有关，以西安话为中心的关中地区是中原官话读唇齿音的滥觞之地，合口韵 u 是舌尖音 tʂ、tʂh、ʂ、ʐ 向唇齿音 pf、pfh、f、v 演化的基础，声母发音时强气流摩擦是促成 pf 类声母演化的关键。[1]119

7. 存在“支微入鱼”语音现象，如“遂穗慰”读［-y］。王军虎指出“支微入鱼”的现象分布非常广泛，从黄土高原一致延伸到江淮流域[9]349。

8. 韵母 en 与 eŋ，yn 与 yŋ，in 与 iŋ 不对立，都合流为前鼻音 en、yn、in。

9. 蟹止山臻摄合口保留 u 介音，如“类”［luei4］、“雷”［luei2］、“轮”［luen2］。

10. 今阴平字主要来源于古清平，阳平字主要来源于古浊平声字、古清入、古浊入，上声字主要来源于古清上、古次浊上，今去声主要来源于古全浊上、古清去、古浊去，少部分古浊声入声字依然保留入声。

11. 有独立的入声调没有入声韵尾。

其中分平翘、分尖团、入声独立等特点，与中古音系都具有极强的对应性，这几种特征又表明汪家乡话与成渝话有些不同。[4]

四、汪家乡话与南路话的比较

周及徐教授自2007年以来带领研究生进行了四川方言的再调查，结合田野调查的方言材料，以及四川元明清以来的社会变迁史料与移民历史，对四川方言的历史形成了新的思考。他将四川方言分为两个历史层次：湖广话（西南官话岷江以东以北部分）和南路话（西南官话岷江以西以南部分）即宋元四川方言的遗存，南路话不同于湖广话最明显的语音特征是入声独立。调查成果论文详细列举了南路话与湖广话的区别，并认为“南路话声、韵、调无论是分还是合，都是各自相承于（比《切韵》略晚的）中古音系，是以中古音类为条件的。南路话并不表现出它是湖广话的分支，或者相反。南路话和湖广话两片方言音系内部结构的不相包容，这个现象很有力地说明，南路话不是明清之际‘湖广填四川’带来的湖广话在川西南地区演变的结果，南路话应是元末以前的四川本地汉语方言的后裔”。[10]

本文以成都话作为湖广话的代表，以崇州话作为南路话的代表，将汪家乡方言与四川方言湖广话、南路话进行比较，比较的对象来源于周及徐教授总结的21条南路话特征，具体如下：

表4 汪家乡话与南路话比较表

	汪家乡	成都	崇州
1. 古晓母字-u前读为f-。	-	+	+
2. ts-与tʂ-相混。	-	+	+
3. 泥来母一二等字相混，三四等字区分形成l-/n-，与ȵ-对立。	+	+	+
4. 臻摄一三等合口端泥精组字合口字失去-u-介音。	+/−	+	+
5. 蟹摄合口一等端组字、山摄舒声合口一等端泥组字失去-u-介音，读开口。	−	−	+
6. 果摄一等帮端系韵母读-u，见系字为-u/-ɯ/-ɤ。	−	−	+
7. 假摄麻三精见系字韵母读为-i。	−	−	+
8. “者蔗”同蟹摄二等字读-ai。	−	−	+
9. 模韵帮系端组字读-o。	−	−	+
10. 咸山宕摄入声字（合盍曷铎）一等开口见系读-ə/-e。	−	−	+
11. 咸山摄开口入声一二等帮端系庄组、三等知章组字读为-æ。	−	−	+
12. 曾一梗二开口入声帮端知见系字读-æ（-ɛ）。	−	−	+
13. 深臻曾梗入声二三等开口庄组（缉栉职麦）读-æ。	−	−	+
14. 山摄合口三四等、宕江摄开口二三等入声精组见系字读-io（-iɵ）。	−	−	+

续表

15. 臻入声合口一三等帮知系端泥组读-o。	–	–	+
16. 臻入声合口三等精见组字读-io。	–	–	+
17. 深臻曾梗入三四等开口帮端见系（辑质迄职昔陌$_{三}$锡）读-ie。	–	–	+
18. 深臻曾梗入声开口三等知章组（缉质职昔）字读央元音-ɘ/-ə。	–	–	+
19. 曾梗摄入声三等合口见系、通入三精组见系（职昔屋$_{三}$烛）读-io。	–	–	+
20. 通摄入声帮知系、端泥组读-o/-ɵ。	–	–	+
21. 古入声字今读入声调。	+	–	+

朝天区汪家乡话与崇州话相同的只有3项，与成都话相同的有18项，汪家乡话自身独特的特征有2项（分尖团、分平翘），汪家乡话、成都话、崇州话都一样的特征有2项，说明汪家乡话与湖广话的相同点更多。由此可知，朝天话基本属于“湖广话”音系，属于西南官话成渝片。但仍有四川底层方言“南路话”的一些语音残留，如3、4、21条，尤其是第21条保留入声。

周岷在调查四川巴州话时，也发现处于川北的巴州有保留入声的情况，[11]显示出了湖广话表层之下的南路话底层；何治春调查的川北苍溪也有入声保留的情况并且更完整；[6]43杨波年调查的剑阁县金仙话大量保留了入声调。[3]这些证明整个“南路话”除岷江以西以南外，川北也零星分布，从侧面印证了“南路话”是四川方言的底层，在“湖广话”入川以前就遍布四川各地的观点。

综上所述，并结合明清两代陕南、四川移民情况的资料，我们可以看到，朝天汪家地区的音系主要是大批湖广移民所带来的“湖广话”。在湖广话的覆盖过程中，移民较少深入，战争影响较少的汪家乡不同程度地保留了土著“南路话”的特征。这种“南路话”在不同地区重合交叉的保留情况，体现了“湖广话”在对“南路话”的覆盖过程中，同时有力地扩大了南路话的范围。

但是因其处于川陕之交的地理位置，历史上还有大批陕北、甘肃移民来到陕南。[7]83 孙立新认为“陕南作为一个相对独立的封闭的区域，陕南各片中原官话及西南官话、客伙话之间关系密切，并有进一步融合的趋势”[8]58。朝天区邻近陕南，也会受到此种现象的影响，如存在个别知系字读唇音字的汉中话特征。还有“支微入鱼”的江淮官话语音特征等，这说明汪家乡话呈现出以“湖广话”为主的其他多种语言交叉的语音现象。

参考文献：

［1］段亚广．中原官话音韵研究［M］．北京：中国社会科学出版社，2012.

［2］广元市地方志编纂委员会．广元县志［M］．成都：四川辞书出版社，1994.

［3］杨波，周及徐．剑阁金仙镇方言音系［J］．语言历史论丛（第八辑）．成都：巴蜀书社，2016.

［4］杨时逢．四川方言调查报告［M］．台北：“中央研究院”历史语言研究所，1984.

［5］郭沈青．陕南西南官话的内部差异与归属［J］．方言，2006.

［6］何治春．四川苍溪方言语音研究［D］．四川：四川师范大

学，2017.

［7］黄后菊. 汉中方言音韵结构比较研究［D］. 北京：北京语言大学，2011.

［8］孙立新. 陕南中原官话的性质与归属［J］. 语文研究，2006（4）.

［9］王军虎. 晋陕甘方言的“之微入鱼”现象和唐五代西北音［J］. 中国语文，2006（3）.

［10］周及徐. 南路话和湖广话的语音特点——兼论四川两大方言的历史关系［J］. 语言研究，2012（3）.

［11］周岷，周及徐. 田野调查新发现：四川巴州话——保存入声的方言［J］. 四川师范大学学报. 2016（11）.

（作者地址：四川阿坝师范学院预科系，四川省汶川县水磨镇 623002）

附录：

汪家乡话同音字表

声调类别用1、2、3、4、5分别表示阴平、阳平、上声、去声和入声，调值见前述。

o

t[1]多[2]夺[3]躲

t^h[1]拖[2]脱托

l[2]锣螺落

ts[4]坐[2]作[3]左

k[1]歌[4]个过[2]鸽割各[3]果

k^h[4]课[2]渴壳[3]可

ŋ[4]饿[2]鹅恶

x[4]货祸霍[2]河盒活鹤[3]火

p^h[4]破[2]婆泼

m[1]摸[4]磨[2]磨末

s[2]索缩[3]锁所

p[2]簿拨薄剥

ʂ[2]勺

Ø[2]握

ts^h[4]错

tʂ[2]着桌镯

ʐ[2]弱

A

t[4]大[2]搭达[3]打
t^h[2]踏塔
l[1]拉[2]蜡辣
ts[2]杂
p^h[2]爬
m[4]骂[3]马
p[2]八爬[3]把
$ʈʂ^h$[2]茶插
ʂ[1]沙[2]杀
ts^h[2]擦
ʈʂ[2]闸扎
f[2]法发罚[3]耍

ie

t[2]跌碟
t^h[2]贴
l[2]列
ts[4]借[2]接节截[3]姐
$tɕ^h$[2]茄铁
m[2]灭篾
s[4]谢[2]斜[3]写
ɕ[2]协歇
p[1]憋[2]别
tɕ[2]杰结
ø[4]夜[2]爷叶[3]野
ts^h[2]切
ȵ[2]业孽捏

ye

ts[2]决
$tɕ^h$[2]缺
s[2]雪削
ɕ[1]靴[2]血
tɕ[2]绝
ø[2]月越

iᴀ

ɕ[1]虾[4]下夏[2]瞎
tɕ[4]嫁[2]夹甲[3]假
ø[2]牙鸭[3]哑

e

t[2]得
t^h[2]特
ts[2]折贼窄摘
k[2]格隔
k^h[2]刻客
ŋ[2]额
x[2]黑
p^h[2]拍
m[2]墨麦
s[2]舌设
p[2]北百白
$ʈʂ^h$[1]车

ʂ [4]射[2]蛇

ts^h[2]撤侧测拆择策

ʐ[2]热

uA

k[1]瓜[4]挂[2]刮

x[1]花[4]化画话划[2]华滑

ʂ [2]刷

Ø[1]挖[2]袜[3]瓦

tʂ [1]抓

ʊ

t[4]杜[2]读毒[3]赌

t^h[2]图[3]土

l[4]路[2]奴鹿六绿

ts[1]租[4]做[2]卒足

k[2]骨谷[3]古

k^h[1]箍[4]裤[2]哭[3]苦

x[4]户[2]壶[3]虎

p^h[1]铺[3]谱

m[2]木目[3]母

s[4]数[3]数

p[4]布步

$tʂ^h$[2]除锄出

ʂ [1]输[4]竖树赎[2]叔熟属[3]鼠

Ø[1]乌[2]吴屋[3]五

ts^h[1]初[2]族

tʂ [1]猪[4]柱住[2]竹烛[3]主

ʐ[2]如入[3]褥

f[1]书[4]付父富副妇缚[2]浮佛福服[3]府

v[4]雾[2]物[3]武

y

l[1]绿 [2]律[3]吕

$tɕ^h$[1]区[4]去[2]曲渠

s[2]徐宿畜

ɕ[3]许

tɕ[4]句剧锯[2]橘菊局[3]举

Ø[4]遇芋玉[2]鱼余裕育浴[3]雨

ts^h[3]取

ɲ[3]女

ai

t[4]袋

t^h[1]胎[2]台

l[2]来

k[1]该街[3]改

k^h[1]开

ŋ[2]岩

x[2]还[3]海

p^h[4]派

s[2]塞

ʈʂʰ[2]柴
tsʰ[4]菜

ei

t[4]带
k[4]盖
ŋ[4]爱[3]矮
x[4]害[2]鞋
pʰ[4]配[2]排牌赔
m[4]卖妹[2]埋煤[3]买
s[2]色
p[1]杯碑[4]贝拜败背[3]摆
ʂ[4]晒[2]虱
tsʰ[2]财
f[1]飞[4]肺费[2]肥[3]水

iɛi

ɕ[4]蟹
tɕ[4]戒[3]解

i

t[1]低[4]弟递地[5]笛
tʰ[1]梯[4]剃[5]踢
l[2]犁梨立栗力历[3]李
tɕʰ[1]溪[4]契器气[2]骑棋
m[2]眉密[3]米
ɕ[1]希[4]系戏[2]吸[3]喜
p[4]币被[2]鼻[3]比[5]笔逼壁
tɕ[1]鸡饥[4]寄记季[2]急及极[3]几[5]吉击
ø[1]衣[4]艺蚁义意[2]移姨一[5]益
ȵ[2]泥

ʅ

s[5]锡
ʈʂʰ[2]池迟尺[5]吃
ʂ[1]师[4]世柿事试市式[2]时十失石[3]使[5]实食
ʈʂ[1]知[4]制治[2]汁侄直[3]纸指[5]织
ʐ[5]日

ɿ

ts[1]资[4]字[2]集积[3]紫子
s[1]西丝[4]四寺[2]习惜席[3]洗死[5]息
tsʰ[4]刺[2]祠七
pʰ[4]屁[2]皮劈[5]匹

uei

t[4]对
l[4]类[2]雷
ts[4]罪醉[3]嘴

k[1]规龟[4]桂柜贵[3]鬼

k^{h}[1]亏[4]跪

x[1]灰[4]会[2]回

s[4]岁[2]随

$tʂ^{h}$[1]吹[2]垂锤

Ø[4]卫位味胃[2]危围[3]尾

ts^{h}[4]碎

tʂ[1]追

uai

k[4]怪[3]拐

k^{h}[4]快[3]块

x[4]坏[2]怀

Ø[1]歪[4]外

a

Ø[4]二[2]儿[3]耳

ao

t[1]刀[4]道

t^{h}[2]桃[3]讨

l[4]闹[3]脑老

ts[4]灶[3]早

k[1]高

k^{h}[4]靠

ŋ[1]熬

x[4]号[3]好

p^{h}[4]炮

m[1]猫[4]帽[2]毛

s[3]嫂

p[1]包[4]抱[3]宝饱

$tʂ^{h}$[2]朝

ʂ[1]烧

ts^{h}[1]抄[4]糙造[3]草

tʂ[4]罩照[3]找

ʐ[3]绕

iao

t[4]钓

t^{h}[2]条

l[4]料

ts[1]焦

$tɕ^{h}$[1]敲[2]桥

p^{h}[4]票

m[4]庙

s[1]箫[4]笑[3]小

ɕ[4]孝校

p[3]表

tɕ[1]交[4]轿叫

Ø[1]腰[4]要[2]摇

ȵ[3]鸟

əu

t[4]豆

t^h[1]偷[2]头[3]抖
l[2]楼
ts[3]走
k[1]钩[4]够[3]狗
k^h[3]口
ŋ[3]藕
x[4]后厚
s[4]瘦
$tʂ^h$[1]抽[4]臭[2]绸
ʂ[4]寿[3]手
ts^h[4]凑[2]愁
tʂ[1]州粥
ʐ[4]肉

iəu

t[1]丢
l[2]流
ts[3]酒
$tɕ^h$[2]球
s[1]修[4]袖
ɕ[1]休
tɕ[4]舅旧[3]九
Ø[1]优[4]右幼[2]油[3]有
ȵ[2]牛

an

t[1]单[4]淡[3]胆
t^h[1]贪[4]炭[2]潭弹[3]毯
l[4]烂[2]南蓝难兰[3]懒
k[1]甘肝[3]感敢
k^h[4]看
ŋ[1]安[4]暗岸
x[4]汉汗[2]含咸[3]喊
p^h[4]判[2]盘
m[4]慢[3]满
s[1]三[3]伞
p[1]扮班搬[4]办半[3]板
$tʂ^h$[2]缠[3]产
ʂ[1]杉衫山[4]扇善
ts^h[1]参[2]蚕
tʂ[1]占[4]战
f[1]翻[4]犯饭[3]反

uen

t[1]墩
t^h[1]吞
l[2]轮
k[3]滚
k^h[4]困
x[1]婚[2]魂[3]哄
s[1]孙[3]笋省
$tʂ^h$[1]春[2]纯
ʂ[4]顺
Ø[1]温[4]问[2]蚊

ts^{h}[1]村唇[4]寸

tʂ [4]赚[3]准

ʐ[4]闰

iɛn

t[4]店垫[3]点典

t^{h}[1]添天[2]甜田

l[2]黏连莲

ts[1]尖[3]剪

$\mathrm{tɕ}^{h}$[1]牵[4]欠[2]钳

p^{h}[1]扁[4]骗片

m[4]面[2]棉

s[1]先[4]线

ɕ[4]限现县[2]嫌[3]险显

p[4]变便[3]扁

tɕ[1]监间奸肩[4]剑件建健见[3]减

Ø[1]炎烟[4]验厌[2]盐严颜延言

ts^{h}[1]签铅[2]钱前[3]浅

ȵ[4]念[2]年[3]眼

en

t[1]蹲灯[4]凳[3]等

t^{h}[2]藤

l[4]嫩[2]能[3]冷

ts[1]争

k[1]根更耕[4]更[3]梗

k^{h}[1]坑[3]肯

ŋ[1]恩[4]硬

x[4]恨[2]横

p^{h}[2]盆

m[2]门

s[1]僧生

p[3]本

tʂ^{h}[4]秤[2]沉陈辰程城

ʂ [1]深身升声[4]扇剩[2]神绳

ts^{h}[2]层

tʂ [1]针贞[4]镇证正[3]震整

ʐ[4]任认[2]人[3]染

f[1]分[4]粪[2]坟[3]分粉

in

t[1]钉[4]钉定[3]顶

t^{h}[1]厅听[2]停[3]挺

l[2]林邻零[3]领

ts[4]进静[3]井

$\mathrm{tɕ}^{h}$[1]轻[4]庆[2]琴勤

p^{h}[2]贫平瓶[3]品

m[4]命[2]民明名

s[1]心新星[4]姓

ɕ[1]兴[4]兴[2]行形

p[1]冰兵[4]病[3]柄饼

tɕ[1]金筋经[4]劲近镜[3]紧

Ø[1]音蝇[4]印[2]银迎赢[3]引

隐影

ts^h[1]亲清青[4]浸

yn

ts[4]俊

$tɕ^h$[2]裙

s[2]寻

ɕ[1]熏

tɕ[1]均军

Ø[4]运[2]匀云荣营[3]永

uan

t[1]端[4]断[3]短

l[4]乱[3]暖

k[1]官关[4]惯

k^h[1]宽

x[1]欢[4]换[2]还

s[1]酸[4]算

$tʂ^h$[2]传船[3]铲

ʂ[4]闩

Ø[1]弯[4]万[2]完顽[3]碗晚

tʂ[1]砖[4]转传[2]传[3]转

ʐ[3]软

yɛn

$tɕ^h$[1]圈[4]劝[2]权

s[1]鲜[3]选

tɕ[4]卷[3]卷

Ø[1]冤[4]院[2]圆原园[3]远

ts^h[2]全

ue

k[2]郭国

k^h[2]阔

x[2]或

aŋ

t[3]党

t^h[1]汤[2]糖

l[4]浪

k[1]钢

k^h[1]糠

x[4]项

p^h[4]胖

m[2]忙

p[1]帮[4]棒[3]绑

$tʂ^h$[4]唱[2]长[3]厂

ʂ[1]伤[4]上[2]尝

ts^h[1]仓

tʂ[1]张章[3]长

ʐ[4]让

f[1]方[4]放[2]房防[3]纺

iaŋ

l[4]亮[3]两

s[4]像[3]想

ɕ[4]向[2]降[3]响

tɕ[1]姜江[4]降[3]讲

Ø[1]秧[4]样[3]痒

ts^{h}[3]抢

ȵ[2]娘

uaŋ

k[1]光

k^{h}[1]筐[2]狂

x[1]慌[2]黄

tʂ^{h}[1]疮窗[2]床

ʂ[1]霜双

Ø[4]旺[2]王[3]网

tʂ[1]装桩[4]壮撞

io

tɕ^{h}[2]雀

ɕ[2]学

tɕ[2]脚角

Ø[2]约药

oŋ

t[1]东冬[4]冻动洞[3]懂

t^{h}[1]通[4]痛[2]铜[3]桶统

l[4]弄[2]聋脓浓龙

ts[4]粽

k[1]公宫恭[4]共

k^{h}[3]孔

x[1]烘[2]红

p^{h}[2]朋棚蓬

m[4]梦[3]猛

s[1]松松[4]送宋

tʂ^{h}[1]充冲[2]虫重

ʂ[2]种

Ø[1]翁

ts^{h}[1]葱

tʂ[1]中终[4]中重种[3]肿种

f[1]风丰封蜂[4]凤缝[2]缝

ioŋ

tɕ^{h}[2]穷

ɕ[1]兄凶[2]熊雄

Ø[4]用[2]容

四川宜宾赵场镇话音系

王 倩[①]

摘 要 本文根据对四川宜宾市赵场镇的方言田野调查，描写赵场镇方言语音系统。赵场镇方言入声独立，具有南路话的特点。

关键词 四川方言 赵场镇话 语音系统

一、概况

（一）地理位置

赵场镇现称赵场街道，隶属四川省宜宾市叙州区，位于金沙江南岸，距市中心约9公里。赵场街道东隔南广河与南广镇、月江镇相接，北临南岸街道，西隔金沙江与翠屏区西郊街道相望，

① 作者简介：王倩，四川师范大学2019级语言学专业博士研究生，研究方向为现代汉语及四川方言。

西南邻普安镇，南与高县双河乡、大窝镇接壤。据《宜宾市志》记载：“宜宾设县至今二千一百余年，在经历了明末清初的战乱后，1686 年，宜宾全县仍户不满千，仅户二百九十九。宜宾人口，除明末清初战乱幸存下来的大族大姓外，其余多是清康熙二十九年以后从外省外地而来的‘移民’后裔。”[5] 赵场镇中亦存留着薛、赵等明以前宜宾本地的大族大姓。

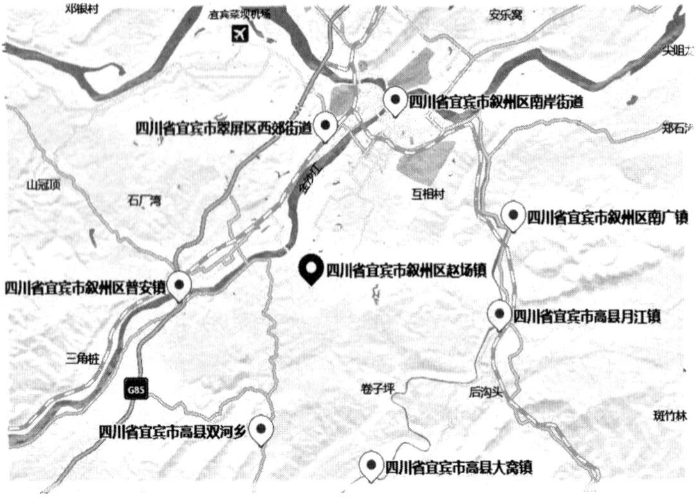

图 1　赵场镇地理位置图

赵场镇素有宜宾市“西大门”之称，是南丝绸之路上的重要驿站。镇中现存文物古迹、石刻牌楼，记载着赵场镇的悠久历史和深厚的民间文化。赵场镇原属翠屏区，2018 年 7 月因“撤县设区”，赵场街道归入新设的宜宾市叙州区。赵场方言属于西南官话灌赤片岷江小片，其声母不分平翘、古泥来母字相混、入声调独立，具有宜宾方言的共同特点。

（二）田野调查情况

此次方言田野调查使用上海高校比较语言学 E－研究院、上海师范大学语言研究所潘悟云、李龙、韩夏共同研发的斐风（Field Phone 版本号：F2.1.2）、MINI BOX 声卡和德国拜耳动力 TG H55C 话筒调查录音，以中国社会科学院语言研究所《方言调查字表》为调查字表，结合赵场方言具体特点略有筛选，最终调查字数为 3961 字。使用 Praat 软件测量声调并制作声调图。

调查时间	2019 年 6 月 29 日至 2019 年 7 月 1 日
调查地点	四川省宜宾市叙州区赵场街道
发音人信息	刘汉平，男，1958 年 11 月 11 日生，长期居住于四川省宜宾市叙州区赵场镇。退休前任职于赵场中学，初中英语老师。说赵场镇话（赵场方言），也会说带有本地方言特征的不标准的普通话。
调查人	周亚欧（四川师范大学 2018 级博士研究生） 王倩（四川师范大学 2019 级博士研究生）
记音整理及音系归纳者	王倩

二、音系

（一）声母

宜宾赵场方言一共有 20 个声母（包括零声母），见下表。

表 1　宜宾赵场方言声母表

p 巴榜步壁	ph 坡破爬	m 麻铭磨墨	f 夫抚芙虎胡	v 无吴乌
t 多的待达	th 天铁田	n 年莲腻离泥牛		
ts 祖知宅壮寨镯	tsh 粗辞彻柴齿		s 苏肃送寺俗朔诗神实十	
tɕ 椒践居巨极局	tɕh 清钱囚区渠		ɕ 鲜涎羡胸蓄型学	
k 歌个跪国	kh 科课逵阔	ŋ 我爱庵袄恶	x 豪轰鹤	
Ø 儿尔原岳汪握王域赢译				z 仍惹肉

声母说明：

（1）宜宾赵场方言中的唇塞音［p-］［p^{h}-］［m-］、唇齿擦音［f-］与普通话类似，发音时气流更强。［v-］是唇齿擦音［f-］的同部位浊擦音。

（2）舌尖前塞音［t-］［t^{h}-］与今普通话类似，发音时气流略强于普通话。

（3）舌尖前鼻音［n-］与边音［l-］常常相混，大多数情况下为［n-］，皆记为鼻音［n］。

（4）舌面后音声母［k-］［k^{h}-］［x-］，位置较普通话更靠后。

（5）软腭鼻音声母［ŋ-］较国际音标位置略靠后。

（6）龈腭塞音、塞擦音、擦音声母［tɕ-］［$tɕ^{h}$-］［ɕ-］的发音部位与今普通话相同。

（7）宜宾方言中没有翘舌音声母［tʂ-］［$tʂ^{h}$-］［ʂ-］［ɻ-］，今普通话中的翘舌音声母都分别归入［ts-］［ts^{h}-］［s-］［z-］，发音位置较普通话略靠后。［z］是［s］的同部位浊擦音。

（8）当主元音为-i 时，音节起始明显摩擦，实际发音为[ji]。

（二）韵母

宜宾赵场方言共有 38 个韵母，见下表（表中文读音下加双线“__”，白读音下加单线“__”）。

表 2　宜宾赵场方言韵母表

ɿ 制智饰只	i 姐胥蔽弥揖匹忆	ʉ 补母膜褥	y 女虽靴戌剧
ɚ 儿贰耳			
o 多蜗所剖喝摸			
e 厕磕执哲实各北拆	ie 秘猎立歇毕即		
		ɵ 簿末陌福赂入国祝	yɵ 薛屈爵岳役
æ 腊法达八	iæ 夹恰瞎辖	uæ 滑刷啄	
ɑ 他巴洒尬杉垃萨打	iɑ 家夏涯压	uɑ 瓜画抓划	
ai 态鞋街岩还	iai 阶贬浅恋	uai 乖外帅蟀	yai 鲜弦权院
ei 者贝佩飞		uei 屡堆吹褪贼	
au 褒毛贸郝雹	iau 交萧肴彪		
əu 兜洲侯偶粥	iəu 柳修游丢		
an 探站禅善		uan 赚删万	
ən 沉恩赠更硬	in 品敏冰幸	uən 稳准绳横孕	yn 寻俊倾营
aŋ 榜唐项盲	iaŋ 娘养江腔	uaŋ 庄王双矿	
əŋ 否风蜂			
oŋ 亩牡喷朋萌蓬	ioŋ 兄荣雄雍		

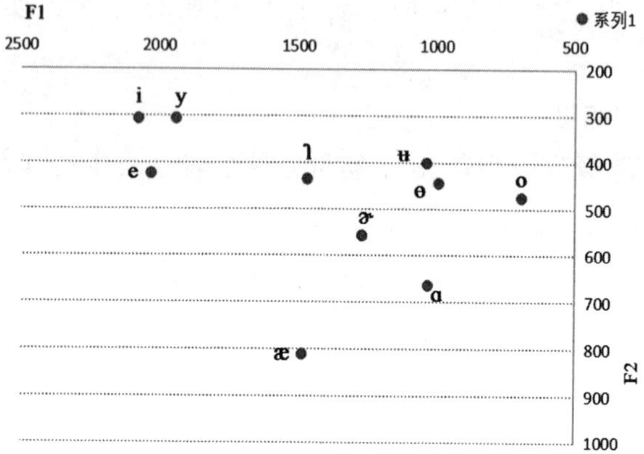

图 2　宜宾赵场方言元音声学舌位图

韵母说明：

（1）［-i］发音时舌尖靠近或抵住下齿背，在零声母音节中，摩擦强烈，如爷［ji2］、野［ji3］、夜［ji4］。

（2）［-y］圆唇度略小于普通话。

（3）［-ʅ］比普通话中的［ʅ］略后。

（4）［-a］从元音声学舌位图中可见［-a］比较靠后，更接近于［ɑ］，如：巴大他。

（5）［-o］与标准元音接近，较普通话舌位略低、圆唇度略展，如：歌科。

（6）［-ɵ］实际发音更接近于［uə］，发音过程中有唇形变化与舌位滑动。

（7）［-ʉ］处于比较开、央的位置。与国际音标中八号元音的展唇元音［ɯ］有区别，圆唇度不及［u］，展唇度介于标准元音的圆唇与非圆唇之间，本文记为［ʉ］。作单元音韵母时，会自然增生一个唇齿浊擦音声母［v-］，如：无舞吴乌梧。与其他声母拼合时，例字如：布普肚图，发音过程中圆唇度小。

（8）［-e］与标准的二号元音相同。

（9）［-ɚ］仅与零声母拼合，与普通话中的卷舌元音发音方法相同。

（10）［-æ］比标准音略高、略后。

（11）［-u］作韵尾时，圆唇度、舌位高度没有达到［-u］，如［-au］［-əu］实际更接近于［aʉ］［əʉ］，本文统一记为［-au］［əu］。

（12）［-ən］位置偏央、偏后。

（三）声调

宜宾赵场方言呈现出入声独立的特点，赵场方言共有阴平、阳平、上声、去声、入声 5 个调类，见下表。再选取各声调代表字，使用 Praat 软件测出其基频值的基础上，计算出相关数据，绘制声调绝对时长曲线图（见图 3）。

表 3　宜宾赵场方言声调表

调类		调值	例　字
阴平	1	45	巴夫都低阿乌搬衣
阳平	2	31	麻婆胡吴爬盘皮迷题宜
上声	3	52	把比打底马补以五礼赌
去声	4	324	坝闭大弟布那骂度异务
入声	5	44	八白达滴得脉伐莫辣国

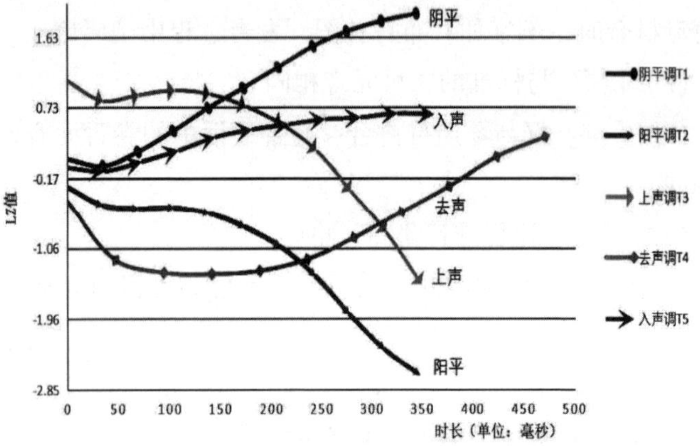

图 3　宜宾赵场方言绝对时长声调曲线图

声调说明：

（1）阴平调为高升调，升调趋势明显，平均时长约在 344ms。

（2）阳平调为低降调，呈现出平缓下降的趋势，平均时长约在 348ms。

（3）上声调为高降调，起势高，呈现出先平缓向前而后高降的趋势，降势明显，平均时长约在 350ms。

（4）去声调为曲折调下凹，具有先急降而后缓升的趋势，升势明显，平均时长约在 470ms。

（5）入声调为趋近于平调的升调，呈现出略升后平缓向前的趋势，平均时长约在 361ms。

左福光《宜宾方言本字考与宜宾湘语研究》中，列出宜宾入声调系统有喉塞音尾，用［-'］表示喉音尾［-ʔ］，认为宜宾方言与江淮、苏北方言的入声韵尾处在相同的历史阶段。[7]9 但根据本文的调查数据分析，在赵场方言五个声调的绝对时长中，入声调时长仅次于下凹的去声调，长于阴平、阳平和上声三个声调。这说明入声的短促特点及相伴的喉塞尾现象已经基本消失。

三、从中古音系统看音韵特点

（一）声母的音韵特点

1. 不分平翘舌，知系和精组洪音全读［ts-］［tsʰ-］［s-］［z-］，如“姿”＝“知”［tsɿ］，“慈”＝“持”［tsʰɿ］，“司”＝“师”［sɿ］，“然”［zan］。

2. 不分尖团，古精组细音与见晓组细音字皆腭化为龈腭音声母［tɕ-］［tɕʰ-］［ɕ-］，如“秋”＝“丘”［tɕʰiəʉ］，“千”＝“牵”［tɕʰiai］。

3. 部分见系二等开口字不腭化。如在梗摄入声中读为［k-］［kʰ-］［x-］，如“格”＝“革”［ke5］“客”［kʰe5］，“吓”＝“核”［xe5］。其他不定，如“间窖阶角 k-/tɕ-”，“敲嵌 kʰ-/tɕʰ-”，“鞋蟹咸陷馅衔苋巷项 x-/ɕ-”。

4. 泥来母洪细皆混，多读为［n-］，如“连”＝“年”［niai2］，“泥”＝“离”［ni2］。

5. 影疑二母开口洪音读为软腭鼻音［ŋ-］，如：我爱挨奥岸昂。果摄合口一等“讹”读为［ŋ-］，声母入声字是例外。

6. 部分中古疑母细音字读入泥母字，声母均为［n-］，如：宜谊疑沂验严俨研酽凝。

7. 晓匣二母在单韵母-u 前读入非组，实际读音为［fʉ］，如“虎”=“府”=“抚”［fʉ3］，“戽”=“护”=“富”=“妇”［fʉ4］。

8. 零声母［Ø-］来自微、日、疑、影、云、以六母，其中日母止摄字皆读作［ɚ］，如：尔而耳贰。来自微、疑、影母的［-ʉ］韵字，增生出［v-］声母，如：微母“无武舞务”，疑母“悟五吴梧”，影母“乌污坞恶”。明母字“戊”为特殊变化。

9. 部分船禅母的平声字读为擦音［s-］，如“乘”“辰”“晨”［sən2］，“唇”“纯”［suən2］，“常”“尝”［saŋ2］。

（二）韵母的音韵特点

以下按中古十六摄对赵场方言韵母现象进行疏理，与北京方言相同的语音现象省略（见同音字表）。

1. 果摄

今音韵母多为［-o］，如：饿波魔坐科；读为［-a］的，如：他大巴；韵母读为［-ai］的，如：那哪；读为［-i］的是“茄”，读为［-y］的为“靴”。

2. 假摄

假开二（除见系字外）多读为［-a］，如：耙麻洒叉。见系字多读为［-ia］，如：加嘉家霞。假开三精组和知母、以母字读为［-i］，如：谢姐爹些且爷野夜；知系章组、日母字韵母为［-ei］，如：遮奢车蛇。假合二读为［-ua］，如：髽瓜花。

3. 遇摄

遇合一多读为［-ʉ］，如：铺都箍做乌，“措”“错”读为［-o］。遇合三鱼韵字中，泥组、精组和见系字读为［-y］，如：虑徐居去余；来母、知系字读为［-ʉ］，如：庐著舒汝。“所”读为［-o］。虞韵非组、知系字如“武住攠儒”读为［-ʉ］；来母、精组、见系字读为［-y］，如：缕聚需具喻。

4. 蟹摄

蟹开一多读为［-ai］，如：凯呆海排埋斋楷挨摆奶钗隘；开口帮组字读为［-ei］，如：贝狈沛；蟹开二多读为［-ai］［-iai］［-ia］，如：排豺债介阶街懈解佳涯崖。三、四等多读为［-i］［-ʅ］［-y］，如：蔽例艺刈闭迷婿计制世誓砌婿。合口一等帮组读为［-ei］，如：杯陪梅，端、见系字多读为［-uei］［-uai］，如：内累最灰贿桧会刽；二等多读为［-uai］，如：乖快坏，部分蟹合二见系字读入麻合二［-ua］，如：挂卦画话娲；合口三四等多读为［-uei］［-ei］，如：脆岁税鳜桂慧锐废。

5. 止摄

开口多读为［-ei］［-ʅ］［-i］［-ɚ］，如：碑卑臂紫是次彼皮眉荔奇儿尔贰；合口多读为［-uei］［-ei］［-uai］，如：累吹类泪尾飞费肥揣衰帅。“虽”“绥”“遂”读为［-y］韵。

6. 效摄

效摄一等、二等、三等（仅知系字）韵母为［-au］，如：毛高包炒敲觉朝绕；效摄二等部分见系字、三等（除知系字外）、四等字皆为［-iau］韵，如：交巧苗燎妖刁浇。

7. 流摄

流摄一等多读为［-əu］，如：剖走口；一等明母字多读为［-oŋ］［-ʉ］，如“某”“牡”“亩”“茂”“贸”“否”和“母”“拇”“戊”；三等读为［-iəu］、［-əu］（仅非组、知系字）、［-ʉ］，如：纽流秋修九牛油幽谋周柔富浮负阜，精组、见系字多读为［-iəu］，如：“矛”和“彪”读为［-au］［-iau］是例外。

8. 咸摄

一等读为［-an］，如：南三含，读为［-æ］［-e］［-ɵ］，如：答塔杂鸽合磕；二等多读为［-an］［-iai］，如：站尴咸衔；读为［-æ］［-iæ］，如：劄插夹押；三、四等多读为［-an］［-iai］，如：瞻闪尖淹甜；读为［-e］，［-ie］，如：褶摄聂捷协。“喝”“垃”读为［-o］［-a］是例外。

9. 深摄

深开三的舒声韵多读为［-in］［-ən］，如：林音沉枕；入声韵多为［-e］［-ie］［-ɵ］，如：蛰执十立习及入。

10. 山摄

开口一等读为［-an］，如：丹餐干；读为［-æ］［-e］［-ɵ］，如：达擦撒割葛喝~彩渴。二等读为［-an］［-iai］，如：盼山简限；读为［-æ］［-iæ］，如：拔抹辖瞎。三、四等多读为［-iai］［-an］，如：鞭连乾缠战；读为［-ie］［e］［-yɵ］，如：别列铁结哲设热薛。

合口一、二等多读为［-an］［-uan］，如：般满端酸官，入声读为［-ɵ］［-uæ］，如：拨夺括活滑挖刷刮。三、四等读为［-yai］［-uan］［-an］，如：全拳旋玄犬渊传软晚藩繁蔓，入声读为［-ie］［-yɵ］［-ɵ］［-æ］［-uæ］，如：劣穴血雪绝月决缺拙说发罚袜。

11. 臻摄

开口舒声韵多读［-ən］［-in］，如：吞痕恩珍神宾进因近；入声字多读为［-ie］［-e］，如：笔蜜七吉一秩质日。

合口舒声韵多读为［-ən］［-uən］［-yn］，如：门顿尊昆昏稳伦焚春君韵云。入声韵为［-ɵ］［-yɵ］，如：勃没佛突卒骨橘屈倔。

12. 宕摄

开口舒声韵［-aŋ］［-iaŋ］［-uaŋ］，如：帮唐康，张畅娘香庄霜。入声韵［-ɵ］［-e］［-yɵ］，如：博莫诺鹤各恶酌弱略鹊药却约。

合口舒声韵［-aŋ］［-uaŋ］，如：光汪放望逛旺；入声韵［-ɵ］，如：郭霍缚。

13. 江摄

舒声韵为［-aŋ］［-uaŋ］［-iaŋ］，如：庞窗项巷撞双江腔，入声韵为［-ɵ］［-yɵ］，如：剥桌觉学。

14. 曾摄

舒声韵为［-oŋ］［-ən］［-in］，如：崩朋弘登能恒澄冰凭凝；开口入声字多读为［-e］［-ie］，如：北墨特塞刻直食力即息。"逼式饰忆亿"韵母为［-i］；合口入声韵为［-ɵ］［-yɵ］，如：国惑域。

15. 梗摄

梗摄开口二、三、四等舒声韵［-ən］［-in］［-oŋ］［-aŋ］，如：杏烹生耕正声成行鸣轻京萍丁星猛棚迸盲浜；入声韵为［-e］［-ɵ］［-ie］，如：百泽客窄帛陌碧逆惜尺石觅笛析激。

合口二等舒声韵为［-oŋ］［-uaŋ］［-uən］，如：觥轰矿横；入声韵为［-ɵ］，如：获虢。三、四等舒声韵为［-ioŋ］［-yn］［-in］，如：兄荣泳永倾琼营顷萤荥；三、四等入声韵［-yɵ］，如：疫役。

16. 通摄

通合一舒声韵为［-oŋ］，如：蒙聪鸿冬；入声韵为［-ɵ］，如：木鹿速屋毒沃。

通合三舒声韵为［-əŋ］［-oŋ］［-ioŋ］，如：风隆充弓封松穷雄胸容；入声韵为［-ɵ］［-yɵ］，如：福目祝叔促菊育续局。

17. 在韵母的开合口特点上，赵场方言有两类特点：

存古的，赵场方言仍为开口呼的，如窗［ts^haŋ］、吞［thən］；赵场方言仍读为合口，如蟹合一泥来母字：内雷累；止合三来母字：累垒类泪。

不同于中古的开合口的如：赵场方言将部分庄组开口字读为合口呼，如铲［ts^huan］、删［suan］、疝［suan］、绳［suən］；臻合一端系字如“豚”“钝”“论”“尊”“村”“村”“孙”“损”，赵场镇方言均读为［ən］，“虽”“绥”“遂”韵母为［-y］。流开一明母字读入曾摄，如：某亩牡茂贸［moŋ］。

（三）音韵特点-声调

1. 平声分阴阳，如“初”［ts^hu1］≠“锄”［ts^hu2］。

2. 去声不分阴阳，阳上归去，如“跪”=“柜”=“贵”［kuei4］。

3. 入声独立，不分阴阳，如“吸”=“协”［ɕie5］，“橘”=“决”=“掘”=“倔”［tɕyɵ5］。

四、宜宾话的6个语音特点

第一，以赵场方言为代表的宜宾话，具有明显的入声调类和8个入声韵，呈现出入声独立的特点。入声韵如下：

咸山摄一二等入声字多读为［-æ］，咸山摄二等入声多读［-iæ］，山江摄二等入声皆有读为［-uæ］，咸山深臻曾梗宕江摄入声字均有读为［-e］，咸山深臻曾梗摄三四等入声字多读为［-ie］，山臻宕江曾梗通摄入声字均有读为［-yɵ］，咸深山臻宕江曾梗通摄入声字多读为［-ɵ］。

第二，入声韵没有喉塞韵尾。

第三，见系二等字在北京官话中多腭化为舌面前音声母细音字，而在宜宾方言中仍读为舌根音洪音字，如：街阶鞋衔。

第四，古知庄章组洪音字读入精组，声母不分平翘舌。

第五，精组、见晓组细音字（除部分见系二等字）多腭化为舌面前音［tɕ-］组声母，不分尖团。

第六，蟹山咸摄细音字［-n］尾有的变读为［-i］尾，如：监鲜全圆。

将周及徐提出的四川南路话方言特征[9]与本文田野调查数据比较可知，除去“泥来母洪混细分”这一条外，宜宾话音系绝大部分特征符合南路话特征。宜宾话“泥来母洪细皆混”可能是受川东、重庆一带湖广话方言影响，这一特点与泸州话相似。

参考文献：

［1］北京大学中国语言文学系语言学教研室. 汉语方音字汇（第2版）［M］. 北京：文字改革出版社，1989.

［2］陆文美. 四川乐山市苏稽话音系［J］. 语言历史论丛（第十三辑）. 成都：巴蜀书社，2019.

［3］林焘，王理嘉. 语音学教程［M］. 北京：北京大学出版社，1992.

［4］王俊丹. 四川荣县六乡镇方言音系比较［J］. 语言历史论丛（第

十三辑）. 成都：巴蜀书社，2019.

［5］宜宾市地方志办公室. 宜宾市志［M］. 北京：新华出版社，1992.

［6］杨时逢. 四川方言调查报告［M］. 台北："中央研究院"历史语言研究所，1984.

［7］左福光. 宜宾方言本字考与宜宾湘语研究［M］. 香港：华文国际出版社，2016.

［8］中国社会科学院语言研究所. 方言调查字表（修订本）［M］. 北京：商务印书馆，1981.

［9］周及徐. 南路话和湖广话的语音特点——兼论四川两大方言的历史关系［J］. 语言研究，2012（3）.

［10］朱晓农. 语音学［M］. 北京：商务印书馆，2010.

（作者地址：四川师范大学文学院，成都 610068）

附录

本字汇根据宜宾赵场方言的韵母、声母、声调的次序排列。写不出本字的音节用方框"◇"来表示，后面用小字注释、举例，举例中用"～"代替所释字。字下加"＿"表示白读音，加"＝"表示文读音。

a

p［1］巴芭疤吧笆琶杷［2］爸［3］把［4］坝橘坝把名词钯罢

p^h［2］爬耙［4］怕帕

m［1］妈［2］麻蟆麻［3］马码［4］骂

t［3］打［4］大

t^h［1］他

n［1］拉垃他［2］拿［3］哪［4］那

ts［1］楂查姓渣［4］诈榨炸乍蔗

ts^h[1]叉杈差[2]茶搽查[4]岔

s [1]沙纱痧砂杉萨[3]洒傻撒

k [4]尬

k^h[1]咖[3]卡

x [1]蝦

æ

p [5]八拔又音

p^h[5]拔又音

m [5]抹

f[5]法乏发发伐筏罚

t [5]搭答沓达

t^h[5]踏拓塔榻遢溻塌獭

n [5]纳腊蜡捺辣

ts [5]劄眨闸煠(炸)杂札扎轧铡栅

ts^h[5]插擦察

s [5]杀

ai

p [1]◇蹁,跛脚,瘸腿[3]摆[4]拜稗败

p^h[2]排簰牌徘[4]派

m [2]埋[3]买[4]卖迈

t [1]呆[3]逮[4]戴贷待怠殆代袋带

t^h[1]胎台~州[2]台苔台平~抬[3]大大[4]态太泰

n [1]那那里[2]来[3]乃奶[4]耐奈赖癞濑痢

ts [1]灾栽斋[3]宰载年~[4]载满~再在债寨

ts^h[1]猜钗差[2]才材财裁豺柴[3]彩采踩睬[4]菜蔡

s [1]腮鳃筛[4]赛晒

k [1]该街皆[3]改[4]盖丐

k^h[1]开揩[3]凯楷[4]概溉慨

ŋ [1]哀埃唉挨[2]硙挨岩崖[3]蔼矮[4]碍爱艾隘

x [2]孩鞋还[3]海蟹[4]亥害骇解

au

p [1]褒包胞雹鲍[3]保宝堡饱[4]报抱暴菢豹爆鲍曝

p^h[1]抛[2]袍刨铇刨的古字[3]跑[4]泡炮

m [1]猫[2]毛茅锚矛[3]卯[4]冒帽貌茂贸

t [1]刀叨[3]倒~下岛捣[4]到稻道盗蹈倒~掉

t^h[1]滔掏涛◇骂人[2]桃逃淘陶萄[3]祷讨[4]套道

n [1]捞[2]劳牢唠痨[3]脑恼老姥[4]涝闹

ts [1]糟遭~殃朝早上、今~昭招召[2]着~急遭本字应是着[3]早枣蚤澡找

沼爪[4]灶(灶)皂罩赵兆召照诏

ts^h[1]操抄钞超[2]曹槽巢潮朝~东[3]草炒吵[4]躁糙造燥

s[1]骚臊梢筲捎稍烧[2]韶勺芍[3]嫂扫少绍◇晌午[4]扫潲哨少邵绍

z[2]铙挠饶桡尧[3]扰绕

k[1]高膏篙糕羔膏茭[3]稿搞[4]觉告窖

k^h[1]敲[2]搅[3]考烤拷[4]靠犒铐

ŋ[1]凹[2]熬[3]袄咬[4]傲懊奥澳懊坳拗

x[1]蒿薅[2]毫豪壕嚎号~叫[3]好郝[4]好耗浩号~码

an

p[1]班斑扳颁扳搬般擘[3]板版拚[4]伴拌扮办瓣半绊畔

p^h[1]藩攀潘[2]盘[4]畔叛盼绊判

m[2]瞒馒鳗蛮[3]满[4]漫幔蔓慢

f[1]翻番藩[2]凡帆烦矾矾繁梵[3]反[4]泛范贩饭犯

t[1]耽担承~丹单[3]胆疸掸[4]担扁~淡旦诞但弹子~蛋

t^h[1]贪探坍滩摊瘫[2]潭谭墰谈痰檀坛弹~琴[3]毯坦[4]歎炭

n[2]南男婪蓝篮难~度兰拦栏[3]览揽榄缆懒[4]滥难落~烂

ts[1]沾粘瞻占~卜簪砧簪毡毡[3]斩攒盏展[4]站蘸占醮暂赞瓒赞绽栈战颤攒

ts^h[1]搀参餐[2]馋谗蚕惭残潺缠禅蝉蟾[3]惨产[4]忏灿颤

s[1]衫三山栅[2]蝉禅[3]陕闪散松~伞[4]散~发搧扇善膳单姓~

z[2]然燃[3]染冉

k[1]尴甘柑泔蚶干天~地支干~湿肝竿[3]感敢橄桿稈擀赶[4]干~部

k^h[1]嵌堪龛勘刊[3]槛坎砍[4]看

ŋ[1]淹庵安鞍[4]揞暗岸按案晏晚

x[1]憨酣鼾[2]咸鹹衔含函寒韩[3]喊罕[4]陷馅撼憾汉熯旱捍汗铒翰苋

ɑŋ

p[1]帮邦浜[3]榜绑[4]谤傍棒蚌

p^h[2]滂旁螃庞[4]胖

m[2]忙芒茫盲虻氓[3]莽蟒

f[1]方肪芳[2]妨房防[3]坊

倣~效纺仿相~仿~佛访[4]放

t [1]当~时裆铛[3]党挡档[4]当~铺荡宕

tʰ[1]汤[2]堂棠螳唐糖塘[3]躺倘[4]烫趟

n [2]囊郎廊狼螂[3]朗[4]浪

ts [1]赃脏张章樟蟑[3]长省~涨掌[4]葬藏脏帐胀账丈仗杖障瘴

tsʰ[1]仓苍舱昌菖娼倡窗[2]长~度肠场藏隐~常[3]厂[4]畅怅唱

s [1]桑丧婚~商伤[2]常尝裳[3]嗓搡爽赏晌偿[4]丧~失上尚

z [2]瓤[3]壤攘嚷[4]让

k [1]刚岗纲钢冈缸肛[3]港[4]槓杠

kʰ[1]康糠慷[2]扛[4]抗炕

ŋ [1]肮[2]昂

x [1]夯[2]行航杭[4]项巷

e

p [5]北百柏伯白

pʰ[5]迫拍珀魄

m [5]墨默脉麦

t [5]得德

tʰ[5]特

n [5]勒肋劣

ts [5]折褶置滓蛰执汁哲蜇辙折浙侄质则直值仄侧织职植殖宅窄摘责炙乍蜘折~叠

tsʰ[5]厕撤彻澈秩恻测拆择泽册策尺斥赤吃辙侧

s [5]摄涉涩湿十什拾舌设折瑟虱实失室塞色啬食蚀识适释石折~本

z [5]热日

k [5]鸽割葛胳各阁搁角格骼革隔嗝

kʰ[5]咳磕壳克刻客

ŋ [5]讹恶腭愕恶额厄扼轭鳄

x [5]吓赦核黑或又音赫吓获

ɚ

ø [2]而儿[3]耳饵尔[4]二贰

ei

p [1]杯碑卑婢悲背~东西[4]贝狈鐾辈背后~,~书倍臂被

pʰ[1]批胚坯披丕[2]培陪赔裴焙[4]沛配佩

m [2]梅枚媒煤玫莓霉霉楣[3]每美[4]妹昧媚寐

f [1]飞非妃菲芳~[2]肥[3]匪榧菲~薄翡[4]废肺痱沸费

ts [1]遮[3]者

tsʰ[1]车[3]扯

s [1]赊奢[2]蛇佘[3]舍[4]射麝舍社

z［3］惹

əu

t［1］都兜逗~小孩［3］斗陡［4］斗豆痘逗~号

tʰ［1］偷［2］头投［3］抖敨［4］透

n［1］搂~取［2］楼蒌［3］篓搂~抱缕［4］漏陋

ts［1］邹周舟州洲周粥［3］走肘帚［4］昼奏纣宙绉咒

tsʰ［1］抽掫［2］绸稠筹愁酬仇［3］丑瞅丑［4］凑骤臭

s［1］搜蒐飕馊收［3］叟手首守［4］嗽瘦兽受寿授售

z［2］柔揉［4］肉

k［1］勾钩沟［3］狗苟［4］垢够彀构购

kʰ［1］抠［3］口［4］叩扣寇

ŋ［1］眍欧区［3］藕偶呕殴［4］沤怄

x［2］侯喉猴［3］吼［4］后厚后候

ən

p［1］奔崩绷［3］本［4］笨

pʰ［1］烹喷［2］盆彭膨

m［2］门［4］闷

f［1］分吩芬纷［2］焚坟［3］粉［4］喷粪奋愤忿份

t［1］敦墩屯蹲登灯筝［3］等戥［4］顿扽盾沌钝遁盾凳邓

tʰ［1］吞［2］豚臀藤腾誊

n［2］伦沦轮能仑［3］冷［4］嫩论

ts［1］针斟珍榛臻真诊尊撙遵增曾征蒸争踭睁贞侦正~月征［2］振［3］疹怎枕拯整［4］镇阵震圳澄憎赠甑证症郑掷正~直政

tsʰ［1］伸村称~呼撑［2］沉陈尘娠臣存层曾澄橙丞呈程成城诚盛辰晨承［3］惩逞［4］趁衬忖寸蹭称~心秤

s［1］森参深身申孙僧升生牲甥笙声伸［2］神辰晨乘承［3］沈婶审损笋榫省［4］渗葚甚肾剩胜圣盛慎

z［2］人仁仍壬扔［3］纴忍刃韧［4］任认

k［1］跟根更庚羹粳耕给［3］哽梗埂耿［4］更

kʰ［1］坑［3］恳垦啃肯

ŋ［1］恩［4］揿硬

x［1］亨哼［2］痕恒衡［3］很［4］恨杏

əŋ

f [1]风疯枫丰封蜂峰锋[2]冯逢缝~纫[3]否讽[4]凤奉缝一条~俸

i

p [1]逼[3]彼俾比鄙[4]蔽敝弊币毙闭陛臂譬被棉~避庇备篦痹

p^h[2]皮疲脾琵枇匹[3]秕痞[4]屁

m [2]迷谜糜弥靡眉楣篾~片儿[3]米

t [1]爹低[3]底抵[4]帝蒂弟第递隶地

t^h[1]梯[2]堤渧题提蹄啼[3]体[4]箅替剃屉剔涕

n [2]泥倪宜谊尼呢疑沂犁黎离篱璃梨厘狸[3]你拟礼李里理里鲤狸[4]莉例厉励丽荔利痢吏

tɕ [1]鸡稽奇~数饥肌基箕姬机讥几茶~脐肚~眼羁[3]姐挤几~个己纪杞[4]借藉祭际济剂计继寄技妓冀记忌既季稷

tɕ^h[1]妻凄溪奚欺期[2]茄齐脐奇~怪骑岐祁棋旗其[3]且启起杞岂祈讫乞[4]契企器弃气汽

ɕ [1]些西栖犀兮携牺嬉熙嘻禧希稀蝎溪[2]邪斜[3]写泻胥洗玺徙喜嬉胥[4]卸谢细婿系系系戏

k^h[4]去

Ø[1]倚伊医衣依揖[2]耶爷椰仪移姨夷遗饴怡贻[3]野蚁椅以已[4]夜义议易懿忆艺诣瞖意异毅逸亿翼液腋

ia

tɕ [1]家加痂嘉家稼佳[3]假真~贾假放~[4]架驾嫁价

tɕ^h[3]◇撕~,指一字马,劈叉

ɕ [1]虾[2]霞瑕遐暇[4]下夏厦

Ø[1]丫丫鸦[2]崖涯牙芽衙伢蚜[3]哑雅[4]亚压砑

iæ

tɕ [5]夹甲胛挟荚

tɕ^h[5]掐恰洽

ɕ [5]狭峡匣侠瞎辖

Ø [5]鸭押

iai

p [1]鞭编边[3]贬蝙扁匾[4]变辩辨便辫便

p^h[1]篇偏[2]便[4]骗遍片

m [2]绵棉眠[3]免勉缅渑娩[4]面

t [1]颠癫掂[3]点典腆[4]踮店电殿奠佃垫淀

t^h[1]添天[2]甜田填[3]舔

[4]栎

n [1]拈搛[2]严年廉镰帘连联怜莲[3]俨碾撚敛殓脸辇[4]验酽念链楝恋练炼

tɕ [1]歼皆阶监尖扦兼艰间裥奸煎~熬肩坚[3]解减硷碱检俭简柬拣剪茧茧趼[4]介界芥疥届戒械鉴舰渐剑谏涧锏箭溅践贱件建毽键健腱荐见间离~煎~药砚

tɕʰ[1]签纤谦迁笺千牵纤又音铅[2]前潜钳钱乾虔犍掮[3]浅遣[4]欠歉嵌纤又音

ɕ [1]锨仙先[2]偕谐嫌闲贤衔[3]险显[4]懈蟹县限线羡宪献现阉陷馅解

ø[1]阉炎醃腌蔫烟燕姓~胭淹[2]盐阎檐颜延蜒言研[3]掩魇眼演衍[4]厌魇焰雁筵堰砚宴燕~子咽晏~子谚

iau

p [1]臕标彪[3]表婊

pʰ[1]飘薸漂~流鳔[2]瓢嫖[4]漂~白票

m [2]苗描[3]秒渺藐[4]庙妙

t [1]刁雕貂凋[4]吊钓调音~掉

tʰ[1]挑[2]条调~和[4]跳

n [2]燎疗辽聊寥撩僚[3]鸟了瞭镣[4]尿廖料镣

tɕ [1]交胶郊教茭焦蕉椒骄娇浇[3]绞狡铰剿缲缴侥矫饺搅[4]教较觉轿叫

tɕʰ[1]锹悄翘~起来撬[2]樵瞧荞侨桥乔[3]巧[4]俏窍翘~尾巴

ɕ [1]消宵霄硝销逍肖嚣萧箫[2]淆[3]小晓[4]酵校哮孝效笑

ø[1]妖邀腰要夭幺吆[2]肴摇谣姚窑遥[3]舀杳[4]要耀跃

iaŋ

n [2]娘良凉粮梁粱[3]两辆[4]量亮谅酿

tɕ [1]将浆疆僵姜缰薑江豇[3]蒋奖桨讲[4]酱将匠降

tɕʰ[1]枪羌腔[2]藏~猫儿墙强[3]抢[4]呛

ɕ [1]相箱厢湘襄镶香乡[2]详祥[3]想翔饷享响降投~[4]相象像向

ø [1]央秧殃[2]仰羊洋烊杨阳扬疡[3]养痒[4]样

ie

p [5]鼻鼈别~离憋瘪鳖笔滗毕必弼碧璧壁

pʰ[5]◇门闩,门~别~针撇癖僻辟

劈霹避

m [5]秘泌灭篾蔑密蜜觅

t [5]叠碟牒蝶谍迭的滴嫡狄笛敌涤

tʰ[5]跌帖贴铁踢剔

n [5]腻聂镊蹑业孽捏匿逆溺猎立笠粒列烈裂栗力历砾瓦砾例

tɕ [5]接髻缉集辑急级给及杰揭竭节疖结洁疾吉即绩寂激击鲫棘极戟脊迹积籍借劫截

tɕʰ[5]妾捷劫怯砌泣切窃截七漆乞戚

ɕ [5]胁协血穴习袭吸泄歇蝎悉膝蟋衅挑衅恤析锡息熄媳隙昔惜夕席楔

ø [3]也[5]叶页邑噎乙一壹抑益亦译揖

iəu

m [4]谬

t [1]丢

n [1]溜[2]牛刘榴琉硫馏流留[3]纽扭柳

tɕ [1]揪鸠阄纠灸[3]酒九久韭[4]就救究臼舅咎旧柩臼

tɕʰ [1] 俅秋鳅丘 [2] 囚求球仇姓~

ɕ [1]修羞休[3]朽[4]秀绣锈宿袖嗅

ø [1]优忧悠幽[2]尤邮由油游犹[3]有友酉莠诱[4]又右祐佑柚釉幼诱

in

p [1]蓖彬宾槟滨冰兵[3]禀丙秉柄饼[4]病并殡鬓

pʰ[1]拼[2]贫频苹凭平评坪瓶屏萍[3]品[4]聘姘

m [2]民明鸣名铭暝[3]闽敏抿泯皿[4]命

t [1]丁钉~子疔叮[3]顶鼎[4]锭定钉~钉子

tʰ[1]厅汀[2]亭停庭廷蜓[3]挺艇[4]听

n [2]宁林淋临鳞磷邻灵零铃拎伶翎龄棱凌陵菱[3]悯凛领岭[4]佞凝吝令另赁

tɕ [1]今金襟津巾斤筋经京荆惊鲸精晶睛[3]锦尽紧仅谨境景警井颈[4]禁进晋尽劲近茎敬竟镜竞静靖净劲径

tɕʰ[1]侵钦亲卿清轻青蜻[2]琴禽擒秦勤芹情晴[3]寝请[4]浸沁庆擎

ɕ [1]心芯辛薪新欣星腥猩馨兴~旺[2]形刑型行[3]醒省[4]信

兴高~幸性姓

Ø［1］音阴窨因姻鹰蝇莺樱鹦英婴缨［2］吟淫银寅迎盈赢萤荥［3］饮引隐瘾尹影颖［4］洇印应映

ioŋ

tɕ［3］迥

tɕʰ［2］穷

ɕ［1］兄胸凶匈［2］熊雄

Ø［1］雍痈臃庸［2］荣容溶蓉熔［3］永泳拥勇涌恿踊甬［4］用

ʉ

p［3］补［4］布佈怖部步埠

pʰ［1］捕［2］浦蒲菩葡脯［3］谱普脯［4］铺

m［2］模摹膜［3］母拇［4］慕墓募幕暮

f［1］呼夫肤敷俘孵麸［2］胡湖糊狐壶乎葫瓠~卢蝴胡符扶芙浮［3］甫虎浒府腑俯斧抚釜腐辅［4］戽户沪互护瓠~瓜付赋傅咐赴父附富副负妇

v［1］乌污坞巫诬［2］吴蜈梧无［3］吾五伍午武舞侮鹉［4］误悟务雾戊恶

t［1］都［3］堵赌肚猪~子［4］妒杜肚~皮度渡镀度肚

tʰ［2］途屠徒涂图［3］土吐［4］兔

n［2］奴卢炉芦鸬虏庐［3］努鲁橹卤［4］怒路露鹭

ts［1］租猪诸诛蛛株朱硃珠［3］阻煮祖组主［4］著助做驻注柱住注蛀铸苎

tsʰ［1］初粗［2］除储锄厨橱雏［3］褚楚础处~理杵拄［4］处~所醋

s［1］梳疏蔬书舒苏酥枢输殊［3］鼠暑黍墅署薯数动词［4］素诉塑嗉恕数~字竖树漱朔

z［2］如［3］汝儒乳褥［4］孺

k［1］姑孤辜［3］古估牯股鼓蛊［4］锢雇顾故固

kʰ［1］枯箍［2］踋［3］苦［4］库裤

o

p［1］波菠玻播［3］簸［4］播薄~荷

pʰ［1］坡［2］婆［3］颇剖［4］破

m［1］摩摸［2］魔磨~刀［4］磨石~

t［1］多［3］朵躲［4］舵剁惰堕

tʰ［1］拖［2］驼驮［3］妥椭［4］唾

n［1］啰［2］挪罗锣箩萝骡螺脶［3］裸瘰［4］糯摞诺

ts［3］左佐［4］坐座

ts^h［1］搓［4］锉矬措错凿绰

s［1］娑蓑梭唆［3］锁琐所

k［1］歌哥锅戈［3］果裹馃［4］个过

k^h［1］科棵搁［3］可颗［4］课

ŋ［3］我

x［1］荷薄~喝◇哄骗［2］何河荷和禾［3］火夥伙［4］贺货祸喝~彩

Ø［1］蜗

oŋ

p［4］迸

p^h［2］篷蓬朋棚［3］捧［4］喷~香碰

m［2］谋蒙萌盟［3］某亩牡懵~懂猛蜢［4］孟茂贸

t［1］东冬［3］董懂［4］冻栋动洞

t^h［1］通［2］同铜桐筒童瞳［3］捅桶统［4］痛

n［1］聋弄动词咙［2］隆笼砻胧咙农脓侬窿浓龙陇［3］拢垄［4］弄~堂

ts［1］鬃棕宗综中忠终踪钟锺盅舂衷［3］总种肿［4］皱粽中仲众纵重中射~

ts^h［1］葱聪忽囱充铳冲［2］从虫崇从重~复［3］宠

s［1］松嵩松［3］怂［4］送宋诵颂讼

z［2］绒戎融茸［3］冗

k［1］公工功攻蚣弓躬宫恭供~给龚［3］汞拱巩［4］贡供上~共

k^h［1］空~间［3］孔恐［4］控空~闲

x［1］轰烘［2］宏虹红洪鸿弘［3］哄

Ø［1］翁［4］瓮◇淹没

ɿ

ts［1］知蜘支枝肢栀资姿咨脂兹滋辎淄之芝只［3］紫纸只姊指旨子梓止址趾［4］滞制製智翅自致雉致稚至字痣志痔治志秩

ts^h［1］疵嗤痴［2］雌池驰瓷餈迟慈磁辞祠词持［3］此侈齿耻［4］刺赐次

s［1］斯厮撕施私师狮蛳尸屍思丝司诗［2］时鲥［3］死屎矢始史使驶［4］世势誓逝匙是氏豉四肆示视嗜伺似巳试市恃侍祀寺饲嗣峙士仕柿事式饰

ua

ts［1］抓［3］爪

s［3］厦耍

k [1]瓜[3]寡剐[4]挂卦褂

kʰ[1]夸侉[3]垮[4]跨

x [1]花[2]华铧划桦[4]化画话划

Ø[1]蛙洼挖[2]娃[3]瓦

uæ

ts [5]啄

s [5]刷

k [5]聒刮

x [5]滑猾

Ø[5]挖~又音~袜

uai

ts[1]◇~了,摔倒~[4]拽

tsʰ[1]揣~兜~[3]揣~摩~喘[4]踹

s [1]衰摔[4]帅率蟀

k [1]乖[3]拐[4]怪

kʰ[3]块蒯[4]会~计~刽桧快筷

x [2]徊怀槐淮[4]坏

Ø[1]歪[3]◇~号,绰号~[4]外

uan

t [1]端[3]短[4]断锻段缎椴

tʰ[2]团

n [2]鸾[3]暖卵[4]乱

ts [1]专钻~孔~砖[3]转撮[4]赚钻~石~转篆传~记~纂撰

tsʰ[1]川穿[2]传~送~椽船[3]铲[4]串蹿窜篡

s [1]酸拴珊删[4]氽算蒜涮疝

z [3]软阮

k [1]冠~鸡~花~观官棺鳏关[3]管馆[4]贯灌罐观冠~军~惯掼

kʰ[1]宽[3]款

x [1]欢[2]桓还环横[3]缓[4]唤焕宦换幻患

Ø[1]豌剜弯湾[2]玩完丸纨顽[3]皖碗腕晚挽宛[4]万院

uɑŋ

ts [1]◇◇~割水稻后残留的根,剃胡子后残留的短毛~庄装妆桩[4]壮状撞

tsʰ[1]疮[2]牀[3]闯撞[4]创

s [1]霜孀双[3]爽

k [1]光[3]广

kʰ[1]筐框匡眶[2]狂[4]矿旷况

x [1]荒慌[2]黄簧皇蝗蟥凰[3]谎[4]晃

Ø[1]汪[2]亡王[3]网枉往[4]忘望妄忘旺

ɵ

p [5]薄簿不钹钵拨脖博泊~停~缚剥驳

pʰ[5]讣泼勃扑仆瀑曝僕

朴泊梁山~

m［5］末沫没莫寞木沐陌

f［5］复弗佛佛幅福蝠腹复辐覆伏服袱

t［5］掇夺独读牍犊督笃毒踱铎戳

t^h［5］脱突凸托託拓秃

n［5］赂鹿禄六陆录绿烙络诺律率落酪洛骆乐

ts［5］竹筑逐轴祝足作昨着酌卓桌琢涿浊又音捉镯烛嘱触又音卒

ts^h［5］拙猝术白~出族畜促绰撮畜触又音戳神~~浊又音

s［5］庶续戍说述术速缩叔淑熟粟索硕俗赎束蜀属率宿

z［5］入肉若弱辱

k［5］骨虢谷穀郭国廓又音角

k^h［5］括阔渴窟哭酷廓又音扩

ŋ［5］鄂

x［5］蛤合盒豁活忽斛鹤霍藿或又音惑喝~彩

Ø［5］勿物握屋沃

uei

t［1］堆［4］对碓队兑

t^h［1］推忒［2］颓［3］腿［4］退蜕褪

n［2］雷［3］屡馁儡累垒［4］内累擂类泪

ts［1］追锥［2］贼［3］嘴［4］罪最缀赘醉坠

ts^h［1］催崔摧吹炊［2］槌垂锤［4］脆翠悴粹碎

s［2］随谁［3］髓水［4］碎岁税穟睡隧穗

z［3］蕊［4］芮锐瑞

k［1］圭闺规龟归［3］诡轨鬼［4］瑰桂跪柜贵

k^h［1］盔亏窥［2］奎逵葵魁［3］傀癸［4］溃愧

x［1］恢诙灰麾挥辉徽［2］回迴茴［3］悔毁［4］贿晦汇会绘惠慧讳卉彙

Ø［1］威煨巍［2］帷维惟唯微薇围桅危萎为行~违［3］尾伟苇纬蛔委［4］位未味畏慰胃谓卫伪喂为~了魏

uən

t［4］饨

ts［3］准準

ts^h［1］椿春［2］唇［3］蠢

s［2］纯醇蕈绳［4］顺舜

z［4］闰润孕

k［3］滚［4］棍

k^h［1］昆坤［3］细［4］困

x［1］昏婚浑荤［2］魂横馄［3］

◇哄骗[4]混

Ø[1]温瘟[2]文纹蚊闻[3]吻刎稳[4]问

y

n[2]驴[3]女吕缕履捋[4]虑滤

tɕ[1]居车拘驹[3]举矩[4]据锯拒距苣聚句具惧剧俱

tɕʰ[1]蛆趋区驱躯岖[2]渠瞿衢[3]取娶[4]去趣砌又音

ɕ[1]靴墟虚嘘须鬚需吁虽绥戌[2]徐[3]许[4]絮序叙绪遂

Ø[1]淤迂[2]鱼渔于余馀愚虞娱盂榆愉俞愈逾[3]屿语与予雨宇禹羽[4]御禦誉预豫遇寓芋喻裕寓玉

yai

tɕ[1]绢捐[3]卷卷动词[4]卷书~眷倦券

tɕʰ[1]圈[2]全泉权拳[3]犬[4]劝

ɕ[1]宣喧楦鲜掀轩[2]旋玄悬涎弦[3]选癣[4]旋眩

Ø[1]冤渊[2]圆员缘沿元原源袁辕园援猿[3]远[4]院愿怨

yɵ

n[5]掠

tɕ[5]绝厥蕨橛掘橛决诀卒橘倔鞠爵嚼脚觉局角

tɕʰ[5]缺屈掘菊掬麴雀鹊却确曲

ɕ[5]雪薛屑宿肃蓄畜削学续宿俗

Ø[5]悦阅月曰越粤略虐疟约药钥乐岳嶽域役疫郁育狱浴欲

yn

tɕ[1]钧均君军[3]迥[4]俊浚菌郡

tɕʰ[1]倾顷[2]群裙琼

ɕ[1]熏勳薰[2]寻荀询旬循巡[4]讯逊迅驯训殉

Ø[1]晕~倒[2]匀云耘咏营荣[3]允永[4]熨韻运晕~车泳

段玉裁《说文解字注》义例辑略（三）

杜道生　编著

【編者按】　本次連載杜道生先生《段玉裁〈説文解字注〉義例輯略（三）》，從 344（粱）條至 519（鎬）條，全文完。本文分三次連載：（一）見《語言歷史論叢》第十二輯第 141－193 頁，（二）見《語言歷史論叢》第十三輯第 160－206 頁。

344. 粱 liáng

禾米也。［注］从米，梁省聲。吕张切。十部。

段注：古訓詁多不言某名，如《毛傳》但言水也，山也，艸也，木也皆是。(《説文解字注·米部》，第 330 頁下)

345. 糠 mí

碎也。从米，靡聲。[注] 忙皮切。糠古音在十七部。

段注：鼎臣所説不必皆《唐韵》也。(《説文解字注 · 米部》，第 333 頁下)

編者按：此字大徐本作莫臥切，而《玉篇》《廣韵》《集韵》皆忙皮切。

346. 竊 qiè

盗自中出曰竊。从穴米，禼廿皆聲也。[注] 廿，古文疾。禼，偰字也。千結切。十五部。

段注：一字有以二字形聲者。(《説文解字注 · 宀部》，第 333 頁下)

347. 親 qīn

至也。[注] 从宀，親聲。初僅切。十二部。

段注：凡《廣韵》之例，今義與《説文》義異者，必先舉今義而後稱《説文》。(《説文解字注 · 宀部》，第 339 頁下)

348. 竅 cuì

塞也。从宀，竅聲，讀若《虞書》曰竄三苗之竄。[注] 麤冣切。十五部。

段注：二竄，本皆作竅，妄人所改也。今正。《説文》者説字之書，凡云讀若，例不用本字。(《説文解字注 · 宀部》，第 342 頁上)

349. 宩 shēn

深也。[注] 一曰竈突。从穴火，求省。讀若《禮》三年導服之導。式針切。七部。

段注：許《水部》不載深淺一義，故全書深淺字用宩，今發其例於此。(《説文解字注·穴部》，第 344 頁下)

350. 罷 bà

遣有辠也。[注] 从网能。网，辠网也。言有賢能而入网，即貰遣之。《周禮》曰：議能之辟。是也。薄蟹切。古音在十七部。

段注：《少儀》：師役曰罷。鄭曰：罷之言疲勞也。凡曰之言者，皆轉其義之詞。(《説文解字注·网部》，第 356 頁下)

351. 帥 shuài

佩巾也。从巾，自聲。帨，帥或从兑聲。[注] 所律切。十五部。

段注：六書惟同音叚借之用冣廣。(《説文解字注·巾部》，第 357 頁下)

352. 飾 shì

㕞也。[注] 从巾，从人。从飤聲，讀若式。一曰襐飾。賞隻切。一部。

段注：凡物去其塵垢，即所以增其光采，故㕞者飾之本義。而凡踵事增華皆謂之飾，則其引伸之義也。若席下云純飾，璓下云弁飾，縟下云緐采飾是也。凡許書之義例，依此求之，無不可

得者。(《説文解字注 · 巾部》, 第 360 頁上)

353. 飾 shì

㕞也。[注] 从巾，从人。从𩙿聲，讀若式。一曰襐飾。賞隻切。一部。

段注：《爾雅》少古字，故往往與經典不合。(《説文解字注 · 巾部》, 第 360 頁上)

354. 巿 fú

韠也。上古衣蔽前而已，巿㠯象之。天子朱巿，諸矦赤巿，卿大夫葱衡。从巾，象連帶之形。凡巿之屬皆从巿。韍，篆文巿。从韋，从犮。[注] 俗作紱。分勿切。十五部。

段注：犮聲也。此爲篆文，則知巿爲古文也。先古文後小篆，此亦二部之例。以有从巿之𢃔，故以巿爲部首而韍次之。假令無从巿之字，則以韍入韋而以巿次之。(《説文解字注 · 巿部》, 第 362 頁下)

355. 人 rén

天地之性㝡貴者也。[注] 此籀文，象臂脛之形。凡人之屬皆从人。如鄰切。十二部。

段注：性古文以爲生字。《左傳》正德利用厚生，《國語》作厚性，是也。許稱古語不改其字。(《説文解字注 · 人部》, 第 365 頁上)

356. 傑 jié

埶也，材過萬人也。［注］从人，桀聲。渠列切。十五部。

段注：二傳相屬則義相近，全書之例也。(《說文解字注·人部》，第 366 頁下)

357. 份 bīn

文質備也。［注］从人，分聲。《論語》曰：文質份份。彬，古文份，从彡林。林者，从焚省聲。府巾切。古音在十三部。

段注：備當作葡。許訓葡曰具，訓備曰慎。説解内字多自亂其例，蓋許時所用，固與古不同，許以後人又多竄改，二者皆有之矣。(《說文解字注·人部》，第 368 頁上)

358. 備 bèi

慎也。［注］从人，葡聲。俻，古文備。平祕切。古音在一部。

段注：凡許之書所以存古形古音古義也。(《說文解字注·人部》，第 371 頁下)

359. 作 zuò

起也。［注］从人，乍聲。則洛切。五部。

段注：《秦風·無衣》傳曰：作，起也。《釋言》《穀梁傳》曰：作，爲也。《魯頌·駉》傳曰：作，始也。《周頌·天作》傳曰：作，生也。其義別而略同。別者所因之文不同，同者其字義一也。有一句中同字而別之者，如《小雅》：作而作詩，箋云：上作起也。下作爲也。(《說文解字注·人部》，第 374 頁上)

360. 假 jiǎ

非真也。从人，叚聲。《虞書》曰：假于上下。［注］古雅切。古音在五部。

段注：《堯典》文。此引經説假借也。《彳部》曰：徦，至也。經典多借假爲徦，故稱之。淺人不得其例，乃於《虞書》曰之上妄加一曰至也四字。又分非真也爲古雅切，至也爲古額切，而不知古音無此區别也。今删正。學者苟於全書引經説假借之處皆憭然，則無所惑矣。(《説文解字注・人部》，第 374 頁上)

361. 伏 fú

司也。从人犬。犬司人也。［注］房六切。古音在一部。

段注：犬司人，謂犬伺人而吠之。説此字之會意也。不曰从犬人而曰从人犬，入於《人部》者，尊人也。伏篆以明人事，非説犬也。(《説文解字注・人部》，第 381 頁下)

362. 艮 gèn

很也。［注］从匕目。匕目，猶目相匕，不相下也。《易》曰：艮其限。匕目爲皀，匕目爲真。古恨切。十三部。

段注：很者，不聽從也，一曰行難也，一曰盭也。《易傳》曰：艮，止也。止可兼很三義。許不依孔子訓止者，止，下基也，足也。孔子取其引伸之義。許説字之書，嫌云止則義不明審，故易之。此字書與説經有不同，實無二義也。(《説文解字注・匕部》，第 385 頁下)

363. 从 cóng

相聽也。[注] 从二人。凡从之屬皆从从。疾容切。九部。

段注：許書凡云从某，大徐作从，小徐作從。江氏聲曰：作从者是也。以類相與曰从。(《説文解字注・从部》，第386頁上)

364. 虛 xū

大丘也。昆侖丘謂之昆侖虛。[注] 古者九夫爲井，四井爲邑，四邑爲丘，丘謂之虛。从丘，虍聲。邱如切，又朽居切。五部。

段注：一字有數義數音，則訓詁有此例。(《説文解字注・丘部》，第386頁下)

365. 屔 ní

反頂受水丘也。从丘，从泥省。[注] 泥亦聲。奴低切。十五部。

段注：不但曰尼聲，必曰从泥省者，説水潦所止之意也。(《説文解字注・丘部》，第387頁上)

366. 耆 qí

老也。[注] 从老省，旨聲。渠脂切。十五部。

段注：許於《禮經》古文今文之字依一則廢一。(《説文解字注・老部》，第398頁上)

367. 尾 wěi

微也。从到毛在尸後。古人或飾系尾，西南夷皆然。［注］凡尾之屬皆从尾。無斐切。十五部。

段注：按：尾爲禽獸之尾，此甚易解耳。而許必以尾系之人者，以其字從尸，人可言尸，禽獸不得言尸也。凡全書內嚴人物之辨每如此。人飾系尾，而禽獸似之，許意如是。(《説文解字注 · 尾部》，第 402 頁上)

368. 屬 zhǔ

連也。［注］从尾，蜀聲。之欲切。三部。

段注：凡異而同者曰屬。……凡言屬而別在其中，如秔曰稻屬，秏曰稻屬，是也。言別而屬在其中，如稗曰禾別，是也。(《説文解字注 · 尾部》，第 402 頁上)

369. 舫 fǎng

船也。［注］《明堂月令》曰舫人。舫人，習水者。从舟，方聲。甫妄切。十部。

段注：愚嘗謂《爾雅》一書多俗字，與古經不相應，由習之者多率肊改之也。(《説文解字注 · 舟部》，第 404 頁上)

370. 儿 rén

古文奇字人也。［注］象形。孔子曰：儿在下，故詰詘。凡儿之屬皆从儿。如鄰切。十二部。

段注：同字而必異部者，異其从之之字也。(《説文解字注 · 儿部》，第 404 頁下)

371．先 xiān

前進也。［注］从儿之。凡先之屬皆从先。穌前切。古音在十三部。

段注：凡言寿者緩詞，凡言先者急詞也。其爲進一也。(《説文解字注・先部》，第406頁下)

372．秃 tū

無髮也。从儿，上象禾粟之形，取其聲。［注］凡秃之屬皆从秃。王育説：倉頡出見秃人伏禾中，因目制字。未知其審。他谷切。秀與秃古音皆在三部。

段注：許書兩言取其聲。世下曰：从卅而曳長之，亦取其聲。謂取曳聲也。此云象禾秀之形，取其聲。謂取秀聲也。皆會意兼形聲也。其實秀與秃古無二字，殆小篆始分之。今人秃頂亦曰秀頂，是古遺語。凡物老而椎鈍皆曰秀，如鐵生衣曰銹。(《説文解字注・秃部》，第407頁上)

編者按：老而椎鈍今俗用“朽”。

373．㝵 dé

取也。从見寸。寸，度之，亦手也。［注］多則切。一部。

段注：按：《彳部》㝵爲古文得。此爲小篆，義不同者，古今字之説也。在古文則同得，在小篆則訓取也。説詳《女部》之嫡。(《説文解字注・見部》，第408頁上)

374．欲 yù

貪欲也。［注］从欠，谷聲。余蜀切。三部。

段注：凡此書經後人妄竄蓋不可數計。獨其義例精密，迄今將二千年，猶可推尋以復其舊。(《説文解字注 · 欠部》，第 411 頁上)

375．歋 yí

人相笑相歋瘉。[注] 从欠，虒聲。以支切。十六部。

段注：《後漢書 · 王霸傳》：市人皆大笑，舉手邪揄之。李注：《説文》曰：歋廠，手相笑也。歋音弋支反。廠音踰，或音由。按：據此注，似許書本有廠篆。然許本無廠，則無从欠廠聲之字可知。《方言》本無正字，不妨下字作瘉。瘉之或从歈，或作廠，或作揄，或作歈。猶歋之或作擨，或作邪，或作揶，或作搋耳。此謂人相笑，故字从欠。李注引手相笑，恐是因正文而誤。(《説文解字注 · 欠部》，第 411 頁下)

376．旡 jì

歙食屰气不得息曰旡。[注] 从反欠。凡旡之屬皆从旡。旡，古文旡。居未切。十五部。

段注：屰气，各本作气屰，今依《篇》《韵》正。不得息者，咽中息不利。《毛傳》於王、鄭皆曰嚘不得息是也。屰气，故从反欠。旡之字經傳無徵。《大雅 · 桑柔》曰：如彼遡風，亦恐之僾。傳曰：僾，唈也。《釋言》同。箋云：使人唈然如鄉疾風不能息也。今觀許書，則知旡乃正字，僾乃假借字。凡云不得息者，如欯字、歑字、嚘字、噎字、唈字皆雙聲像意。然則旡必讀於未切也，僾之訓仿佛見也。毛、鄭何從知其訓唈然不能息，則以有旡字在也。僾从㤅聲，㤅从旡聲，旡从旡聲，可得其同音

假借之理矣。凡古文字之可考者如此。(《説文解字注·旡部》，第414頁下)

377. 頁 xié

頭也。从百，从儿。古文䭫首如此。［注］凡頁之屬皆从頁。康禮切。十五部。今音轉爲胡結切。

段注：䭫（稽）字見下文《䭫部》。䭫者，小篆，依常例當於䭫下出頁。解云：古文䭫，而以如是立文，則从頁之九十三文無所附，故别出頁爲部首。正如儿即古文奇字人，亣即籒文大，而皆必别出之爲部首。(《説文解字注·頁部》，第415頁下)

378. 頁 xié

頭也。从百，从儿。古文䭫首如此。［注］凡頁之屬皆从頁。康禮切。十五部。今音轉爲胡結切。

段注：《頁部》不廁《䭫部》後而列於前者，蒙八篇从儿之字爲次也。(《説文解字注·頁部》，第415頁下)

379. 頎 qí

頭佳皃。从頁，斤聲。讀又若鬢。［注］渠希切。按古音在十三部。

段注：讀又若者，謂讀若芹矣，又有此讀也。(《説文解字注·頁部》，第418頁上)

380. 頙 zēng

頭好也。从頁争聲。疾正切。十一部。《詩》所謂頙首。

［注］

段注：引古罕言所謂者。假令《詩》作頠首，則徑稱《詩》句，不言所謂。(《説文解字注 · 頁部》，第 420 頁下)

381. 彰 jìng

清飾也。从彡，青聲。［注］疾郢切。十一部。

段注：彤不入《彡部》，彰不入《青部》者，錯見也。(《説文解字注 · 彡部》，第 425 頁上)

382. 鬈 quán

髮好也。［注］从髟，卷聲。《詩》曰：其人美且鬈。衢員切。十四部。

段注：凡説字必用其本義，凡説經必因文求義，則於字或取本義，或取引伸假借，有不可得而必者矣。故許於《毛傳》，有直用其文者，凡毛、許説同是也。有相近而不同者，如毛曰：鬈，好皃，許曰髮好皃。毛曰：飛而下曰頡，許曰直項也。是也。此引伸之説也。有全違者，如毛曰：匪，文章皃，許曰器似竹匧。毛曰：干，澗也，許曰犯也。是也。此假借之説也。經傳有假借，字書無假借。(《説文解字注 · 髟部》，第 426 頁上)

383. 詞 cí

意内而言外也。［注］从司言。似茲切，一部。

段注：有是意於内，因有是言於外，謂之詞。此語爲全書之凡例。全書有言意者，如歆，言意；欪，無腸意；歑，悲意；儗，臟意之類是也。有言詞者，如昳，詮詞也；者，别事詞也；

皆，俱詈也；𣍘，詈也；魯，鈍詈也；𥎿，識詈也；曾，詈之舒也；乃，詈之難也；尒，詈之必然也；矣，語已詈也；㢽，兄詈也；㝑，驚詈也；𣧑，屰惡驚詈也；魌，屰鬼警詈也；㚏，衆與詈也之類是也。意即意内。詈即言外。言意而詈見，言詈而意見。意者，文字之義也。言者，文字之聲也。詈者，文字形聲之合也。凡許之説字義皆意内也，凡許之説形、説聲皆言外也。有義而後有聲，有聲而後有形，造字之本也。形在而聲在焉，形聲在而義在焉，六藝之學也。(《説文解字注 · 司部》，第 429 頁下)

384. 嬖 yì

治也。从辟，乂聲。《虞書》曰：有能俾嬖。［注］魚廢切。十五部。

段注：計嬖嬖字秦漢不行，小篆不用，《倉頡》等篇不取，而許獨存之者，尊古文經也，尊古文也。凡尊經、尊古文之例視此。(《説文解字注 · 辟部》，第 432 頁下)

385. 屼 jǐ

屼山也。［注］或曰溺水之所出。从山，几聲。居履切。十五部。

段注：三字句。各本無屼字，淺人所删，乃使文理不完。許書之例，以説解釋文字。若屼篆爲文字，屼山也爲説解。淺人往往氾謂複字而删之。(《説文解字注 · 山部》，第 438 頁下)

386. 𡵉 jǐ

𡵉山也。或曰溺水之所出。［注］从山，几聲。居履切。十五部。

段注：此云或曰者，廣異聞。(《説文解字注 · 山部》，第438 頁下)

387. 崵 yáng

首崵山也，在遼西。从山，昜聲。一曰嵎銕崵谷也。［注］與章切。十部。

段注：凡緯書皆同今文《尚書》。(《説文解字注 · 山部》，第 439 頁上)

388. 𢈔 chǐ

廣也。［注］从广，侈聲。《春秋》《國語》曰：俠溝而𢈔我。尺氏切，古音在十七部。

段注：上文殿之大屋曰廣矣，此廣則其引伸之義也。凡讀《説文》者，必知斯例而後無所庢。(《説文解字注 · 广部》，第444 頁下)

389. 磺 kuàng

銅鐵樸石也。从石，黄聲。讀若穬。［注］古猛切。古音在十部。

段注：卝之言礦，卝非磺字也。凡云之言者，皆就其雙聲、疊韻以得其轉注、假借之用。(《説文解字注 · 石部》，第 449 頁上)

390. 碫 duàn

碫石也。[注] 从石段，段亦聲。《春秋傳》：鄭公孫段字子石。都亂切。十四部。

段注：大抵淺人於複字之不可删者，或删或改。删之則如巂周之去巂，離黄之去離。改之則如碫石之改爲厲石，䭫首頓首之改爲下首。知删者難，知改者尤難。(《説文解字注·石部》，第449頁下)

391. 豠 chú

豕屬。[注] 从豕，且聲。疾余切。五部。

段注：凡言屬者，類而别也，别而類也。(《説文解字注·豕部》，第455頁下)

392. 豪 háo

豪豕，鬣如筆管者。出南郡。从希，高聲。豪，籀文从豕。[注] 乎刀切。二部。

段注：䝙，古文也。豪則小篆，改希从豕，以豪附䝙。此正以上附二之例，下文以豚附𧰽亦其類。(《説文解字注·豕部》，第456頁下)

393. 貉 mò

北方貉，豸種也。从豸，各聲。孔子曰：貉之言貉貉惡也。[注] 莫白切。古音在五部。

段注：貂貉二篆各本在豻篆之後，貆貍篆之前。今以《虫部》之蠻閩次於以虫爲象之末，《犬部》之狄次於犬末，《羊部》

之羌次於羊末，《人部》之僥次於人末，《大部》夷字次於大末。依類求之，移易次此。必有合乎古本矣。(《説文解字注 · 豸部》，第 458 頁下)

394. 驟 zhòu

馬疾步也。[注] 从馬，聚聲。鉏又切。古音在四部。

段注：按：今字驟爲暴疾之詞，古則爲屢然之詞。凡《左傳》《國語》言驟者，皆與屢同義，如宣子驟諫、公子商人驟施於國是也。《左傳》言驟，《詩》《書》言屢。《論語》言屢，亦言亟，其意一也。(《説文解字注 · 馬部》，第 466 頁下)

395. 駔 zǎng

壯馬也。[注] 从馬，且聲。一曰駔會也。徂古切。五部。

段注：按：駔本大馬之稱，引伸爲凡大之稱，故駔篆下云奘（壯）馬，而奘篆下但云駔大。許書義例之精密如是。(《説文解字注 · 馬部》，第 468 頁上)

396. 薦 jiàn

獸之所食艸。从廌艸。古者神人目廌遺黄帝。帝曰：何食？何處？曰：食薦。夏處水澤，冬處松柏。[注] 作甸切。十三部。

段注：初造字時，因廌食艸成字，後乃用爲凡獸所食艸之稱。不入《艸部》者，重廌也。(《説文解字注 · 廌部》，第 470 頁上)

編者按：見專名轉通名。

397．灋 fǎ

荆也。平之如水。从水，廌所㠯觸不直者去之。从廌去。法，今文省。［注］金，古文。方乏切。八部。

段注：許書無言今文者，此蓋隸省之字，許書本無，或增之也。如《艸部》本有𣂚無折。(《說文解字注·廌部》，第470頁上)

398．狻 suān

狻麑，如虦苗。食虎豹。［注］从犬，夋聲。見《爾雅》。素官切。十四部。

段注：狻麑如虦苗，食虎豹。許所本也，於此詳之。故《鹿部》麑下衹云：狻麑也。全書之例如此。凡合二字成文者，其義詳於上字，同部異部皆然。(《說文解字注·犬部》，第477頁上)

399．猶 yóu

玃屬。［注］从犬，酋聲。一曰：隴西謂犬子爲猶。以周切。三部。

段注：按：古有以聲不以義者，如猶豫雙聲，亦作猶與，亦作冘豫，皆遲疑之皃。(《說文解字注·犬部》，第477頁上)

400．鼫 shí

五技鼠也。能飛不能過屋，能緣不能窮木，能游不能渡谷，能穴不能掩身，能走不能先人。此之謂五技。［注］从鼠，石聲。常隻切。古音在五部。

段注：崔豹《古今注》乃云：螻蛄，一名鼫鼠，有五能而不成技術。此語殊誤。螻蛄不妨名鼫鼠，要不得云有五技也。倘許謂螻蛄，則此篆必次於部末，如《黽部》之蠅鼀，《馬部》之贏驢駒駼等字矣。(《説文解字注 · 鼠部》，第 479 頁上)

401．能 néng

熊屬，足佀鹿。从肉，目聲。能獸堅中，故稱賢能；而彊壯，稱能傑也。[注] 凡能之屬皆从能。奴登切。古音在一部。

段注：此四句發明叚借之恉，賢能、能傑之義行而本義幾廢矣。子下曰：十一月陽氣動，萬物滋，人以爲偁。亦此例也。韋、朋、來、西、烏五篆下説解皆此例。(《説文解字注 · 能部》，第 479 頁下)

402．熯 hàn

乾皃。[注] 从火，漢省聲。《詩》曰：我孔熯矣。人善切。十四部。

段注：此與《日部》暵同音同義，从火猶从日也。……字有分見而實同者，此類是也。(《説文解字注 · 火部》，第 481 頁上)

403．炵 chǐ

盛火也。[注] 从火，多聲。昌氏切。古音在十七部。

段注：凡言盛之字从多。(《説文解字注 · 火部》，第 485 頁上)

404. 炎炎 yàn

火𤍽也。从三火。［注］凡焱之屬皆从焱。以冉切。八部。

段注：凡物盛則三之。(《說文解字注·焱部》，第 490 頁下)

405. 奞 huán

奢奞也。［注］从大，亘聲。胡官切。十四部。

段注：漢人作傳注不外轉注、叚借二者，必得其本字而後可說其叚借。欲得其本字，非許書莫由也。(《說文解字注·大部》，第 492 頁下)

406. 亣 dà

籒文大，改古文。［注］亦象人形。凡亣之屬皆从亣。他達切。

段注：而凡字偏旁或从古或从籒不一，許爲字書乃不得不析爲二部。猶人、儿本一字，必析爲二部也。(《說文解字注·亣部》，第 498 頁下)

407. 亣 dà

籒文大，改古文。亦象人形。［注］凡亣之屬皆从亣。他達切。

段注：古去入不分。凡今去聲之字，古皆入聲。大讀入聲者，今惟有會稽大末縣，獨存古語耳。(《說文解字注·亣部》，第 499 頁上)

408. 奰 bì

壯大也。从三大三目。二目爲㚍，三目爲奰，益大也。一曰迫也。讀若《易》虙羲氏。《詩》曰：不醉而怒謂之㚍。［注］今音平祕切。

段注：《大雅 · 蕩》曰：内㚍於中國。《毛傳》曰：不醉而怒謂之㚍。於壯義、迫義皆近。不言《詩》傳曰者，猶《書》曰仁覆閔下則稱旻天，不言《書》傳。《易》曰地可觀者莫可觀於木，《易》曰井者法也，不言《易》説也。(《説文解字注 · 夰部》，第 499 頁下)

409. 規 guī

規巨，有灋度也。［注］从夫見。居隨切。十六部。

段注：各本無規巨二字。今補於此，説規矩二字之義。故《工部》巨下但云：規巨也。此許全書之通例也。《囟部》𣯛下曰：𣯛齎，人𪗉也。故《肉部》𪗉下曰：𣯛𪗉也。正同此。(《説文解字注 · 夫部》，第 499 頁下)

410. 竦 lì

臨也。［注］从立，隶聲。力至切。十五部。

段注：《道德經》釋文云：古無莅字，《説文》作竦。按：莅行而竦廢矣。凡有正字而爲叚借字所敓者類此。(《説文解字注 · 立部》，第 500 頁上)

411. 惟 wéi

凡思也。［注］从心，隹聲。以追切。十五部。

段注：《方言》曰：惟，思也。又曰：惟，凡思也。慮，謀思也。願，欲思也。念，常思也。許本之曰：惟，凡思也。念，常思也。懷，念思也。想，冀思也。《思部》慮，謀思也。凡許書分部遠隔，而文理參五可以合觀者視此。(《説文解字注 · 心部》，第 505 頁上)

412. 悘 xiān

疾利口也。从心，从册。《詩》曰：相時悘民。［注］大徐息廉切。

段注：凡《釋文》云本又作之下往往出古字。序内所云兼采《説文》《字詁》以示同異者。此云本又作悘，正用《説文》。(《説文解字注 · 心部》，第 508 頁上)

413. 悆 yù

忘也。嘾也。从心，余聲。《周書》曰：有疾不悆。悆，喜也。［注］羊茹切。五部。

段注：喜者，樂也。此引書而釋之。必釋之者，以《書》義與字本義別也。(《説文解字注 · 心部》，第 509 頁上)

414. 悸 jì

心動也。［注］从心，季聲。其季切。十五部。

段注：《衞風》：垂帶悸兮。傳曰：垂其紳帶，悸悸然有節度也。此未知以悸爲何字之叚借。凡若此類思而未得者，可姑置之，但心知其必是叚借斯可矣。(《説文解字注 · 心部》，第 510 頁下)

415. 慊 xián

疑也。［注］从心，兼聲。戸兼切。七部。

段注：《大學》：此之謂自謙。注曰：謙讀爲慊。慊之言猒也。凡云之言者，皆就字之本音本義而轉之。猒足，非慊之本義也。(《説文解字注 · 心部》，第511頁上)

416. 怖 pèi

恨怒也。［注］从心，市聲。《詩》曰：視我怖怖。蒲昧切。十五部。

段注：許宗毛而不廢三家詩。(《説文解字注 · 心部》，第511頁下)

417. 怛 dá

憯也。从心，旦聲。悬，怛或从心在旦下。《詩》曰：信誓悬悬。［注］得案切，又當割切。在十四、十五部。

段注：許稱《詩》傳而云《詩》曰者，此《詩》曰不醉而怒謂之奰，《虞書》曰仁覆閔下則稱旻天之例也。(《説文解字注 · 心部》，第512頁下)

418. 惇 yún

憂皃。［注］从心，員聲。王分切。十三部。

段注：以下憂字卄二見，併上文四見，各本皆作憂。淺人用俗行字改之也。許造此書，依形立解，斷非此形彼義、牛頭馬脯以自爲矛盾者。憂者，愁也。憂者，和行也。如今本，則此卄餘篆將訓爲和行乎？他書可用叚借，許自爲書，不可用叚借。(《

説文解字注·心部》，第513頁上）

419．河 hé

河水。［注］出敦煌塞外昆侖山。發原注海。从水，可聲。乎哥切。十七部。

段注：㴕者，篆文也。河水也者，其義也。此以義釋形之例。《毛傳》云：洽，水也。渭，水也。此釋經之例。（《説文解字注·水部》，第516頁上）

420．𣳚 zāi

𣳚水。出蜀汶江徼外，東南入江。［注］从水，𢦏聲。祖才切。一部。

段注：凡言徼外者，皆謂去其郡縣境不甚遠。如廣漢剛氐道徼外，蜀湔氐徼外，皆是。徼者，張揖曰塞也。以木柵水爲蠻夷畍也。（《説文解字注·水部》，第518頁下）

421．𣳚 zāi

𣳚水。出蜀汶江徼外，東南入江。［注］从水，𢦏聲。祖才切。一部。

段注：凡水以互受而名亂，舉如是矣。（《説文解字注·水部》，第518頁下）

422．沬 mò

沬水。出蜀西徼外，東南入江。［注］从水，末聲。莫割切。十五部。

段注：蜀謂蜀郡也。不言何縣者，未審也。沬水即涐水，兩列之，蓋許有未審。(《説文解字注 · 水部》，第 519 頁上)

423. 溱 qī

溱水。出右扶風杜陵岐山，東入渭。从水，桼聲。[注] 一曰溱，城池也。親吉切。十二部。

段注：小徐本从某某聲，往往閒在兩義之中，不同大徐，皆小徐爲古本也。(《説文解字注 · 水部》，第 524 頁上)

424. 洛 luò

洛水。出左馮翊歸德北夷畍中，東南入渭。[注] 从水，各聲。盧各切。五部。

段注：許之例，舉源地，不舉委地。(《説文解字注 · 水部》，第 524 頁下)

425. 汝 rǔ

汝水。出弘農盧氏還歸山，東入淮。[注] 从水，女聲。人渚切。五部。

段注：凡言水源者，或數源竝合而偏舉其一，或遠源罕見而劣舉其近，是以每多乖異。(《説文解字注 · 水部》，第 525 頁下)

426. 淇 qí

淇水。出河内共北山，東入河。[注] 或曰出隆慮西山。从水，其聲。渠之切。一部。

段注：《說文》之例，舉所出之郡縣，不舉入河入江之郡縣。所出之地不變者多，下流古今多變，故略之也。(《說文解字注・水部》，第527頁下)

427. 沇 yǎn

沇水。出河東垣東王屋山，東爲泲。从水，允聲。㕣，古文沇如此。[注] 以轉切。十四部。

段注：《口部》㕣下曰：山閒陷泥地，从口，从水敗皃。蓋㕣字在古文則爲沇水、沇州，在小篆則訓山閒陷泥地。如孌字在籒文則訓順，在小篆則訓慕，皆同形而古今異義也。古文作㕣，小篆作沇，隸變作兖，此同義而古今異形也。(《說文解字注・水部》，第528頁上)

428. 汨 mì

長沙汨羅淵也。[注] 从水，冥省聲。屈平所沈水。莫狄切。古音十一部，與十六部合韻。

段注：長沙下蓋奪羅字，許例郡縣兼書。前志長沙國羅，後志長沙郡羅。(《說文解字注・水部》，第529頁下)

429. 潤 mì

潤水。出豫章艾縣，[注] 西入湘。从水，買聲。莫蟹切，今莫狄切。十六部。

段注：凡縣字皆後人所增，古本必無也。(《說文解字注・水部》，第529頁下)

430．湘 xiāng

湘水。出零陵縣陽海山，北入江。［注］从水，相聲。息良切。十部。

段注：凡郡縣同名，則言縣以該之也。（《說文解字注·水部》，第530頁上）

431．漸 jiàn

漸水。出丹陽黟南蠻中，東入海。［注］从水，斬聲。慈冄切。八部。

段注：《山海經》有出於漢人者。漢人之書《地理志》《說文》爲謹嚴。（《說文解字注·水部》，第531頁上）

432．洨 xiáo

洨水。出常山石邑井陘，東南入于泜。从水，交聲。祁國有洨縣。［注］下交切。二部。

段注：凡言有者，皆別於上文之義。（《說文解字注·水部》，第540頁下）

433．沽 gū

沽水。出漁陽塞外，東入海。［注］从水，古聲。古胡切。五部。

段注：按：凡曰出某縣塞外，某縣徼外，某縣某方蠻夷中者，皆言其來之遠，不可得其地名，故系之某縣也。（《說文解字注·水部》，第541頁下）

434．汭 ruì

水相入皃。［注］从水内，内亦聲。而鋭切。十五部。

段注：凡云某之言某，皆在轉注假借間。(《説文解字注·水部》，第 546 頁下)

435．淺 qiǎn

不深也。［注］从水，戔聲。七衍切。十四部。

段注：許於深下但云水名，不云不淺，而測下、淺下、窦下可以補足其義，是亦一例。(《説文解字注·水部》，第 551 頁下)

436．沙 shā

水散石也。［注］从水少。水少沙見。楚東有沙水。沚，譚長説：沙或从尐。所加切。十七部。

段注：凡古人所引古書，有是有非，不容偏信。(《説文解字注·水部》，第 552 頁下)

437．汜 sì

水别復入水也。从水，巳聲。《詩》曰：江有汜。一曰汜，窮瀆也。［注］詳里切。一部。

段注：《漢書》：張良閒從容步游下邳汜上。服虔讀爲圯，音頤。楚人謂橋曰圯，此漢人易字之例也。(《説文解字注·水部》，第 553 頁上)

438．池 chí

陂也。从水，也聲。［注］直離切。古音在十七部。

段注：《風俗通》一書訓詁多襲《説文》。(《説文解字注 · 水部》，第 553 頁下)

439．湫 jiǎo

隘下也。［注］一曰有湫水在周地。《春秋傳》曰：晏子之宅湫隘。安定朝那有湫淵。从水，秋聲。子了切，又即由切。三部。

段注：當作湫隘，湫下也。此舉《左傳》湫隘字而釋湫，如《毛傳》云文茵、文虎皮也之例。(《説文解字注 · 水部》，第 560 頁上)

439B．淰 niǎn

濁也。［注］从水，念聲。乃忝切。七部。

段注：義與溷、淤、滓相類。《禮運》曰：龍以爲畜，故魚鮪不淰。注：淰之言閃也。凡云之言者，皆假其音以得其義。蓋濁其本義，閃其引伸假借之義也。(《説文解字注 · 水部》，第 562 頁上)

440．洒 xǐ

滌也。从水，西聲。古文目爲灑埽字。［注］先禮切。按西聲當在古音十三部。

段注：凡言某字古文以爲某字者，皆謂古文假借字也。洒、灑本殊義而雙聲，故相假借。凡假借多疊韻或雙聲也。(《説文

解字注·水部》，第563頁上）

441．灥 xún

三泉也。［注］闕。凡灥之屬皆从灥。今音詳遵切，依附泉之雙聲爲之。

段注：凡積三爲一者，皆謂其多也。（《説文解字注·灥部》，第569頁下）

442．鮞 ér

魚子也。［注］一曰魚之美者，東海之鮞。从魚，而聲。如之切。一部。

段注：凡細者稱子。（《説文解字注·魚部》，第575頁下）

443．鮦 tóng

鮦魚。［注］一曰鱶也。从魚，同聲，讀若絝襱。直隴切。九部。

段注：舊作魚名，今正。許書之例不言某名也。（《説文解字注·魚部》，第576頁下）

444．鮦 tóng

鮦魚。一曰鱶也。［注］从魚，同聲，讀若絝襱。直隴切。九部。

段注：此一曰猶今言一名也。許書一字異義言一曰，一物異名亦言一曰，不嫌同辭也。（《説文解字注·魚部》，第576頁下）

445. 鰱 lián

鰱魚也。[注] 从魚，連聲。力延切。十四部。

段注：按：許列字亦二篆相比近。而不言爲一。(《說文解字注・魚部》，第 577 頁下)

編者按：魴篆下、鰱篆下、鰻篆下同，又多一句“蓋許於此等在疑信之間”。

446. 鮥 jiù

當互也。[注] 从魚，咎聲。其久切。三部。

段注：但依許氏立文之例求其義，自鰕至鮚六字皆字从魚而實非魚者，故殿於《魚部》之末。如蠅鼊黿鼂必居黽尾，驘驢騱駼必廁馬後也。(《說文解字注・魚部》，581 頁上)

447. 鮅 bì

魚名。从魚，必聲。[注] 毗必切。

段注：按：自鮅自魤十篆，蓋皆非許書所本有。以《魚部》鮞鮞爲魚子，自鮍至鱷皆魚名，自鰒至鮑皆泛言魚之體、魚之用，自鮯至鮚皆字从魚而實非魚者，至此而《魚部》畢矣。不當又舉魚名及魚之狀皃，故知必淺人所增也。(《說文解字注・魚部》，第 581 頁下)

448. 西 xī

鳥在巢上也。象形。[注] 日在𡆼方而鳥𡆼，故因𡆼爲東𡆼之𡆼。凡𡆼之屬皆从𡆼。棲，𡆼或从木妻。卤，古文𡆼。卥，籒文𡆼。今音先稽切。古音在十二、十三部。

段注：下象巢，上象鳥，會意。上下皆非字也，故不曰會意而曰象形。(《説文解字注 · 西部》，第 585 頁下)

449. 鹵 lǔ

西方鹹地也。从㢴省，囗象鹽形。［注］安定有鹵縣。東方謂之㡿，西方謂之鹵。凡鹵之屬皆从鹵。郎古切。五部。

段注：凡既从某而又象其形，謂之合體之象形，多不成字。其成字者，則會意也。(《説文解字注 · 鹵部》，第 586 頁上)

450. 鹵 lǔ

西方鹹地也。从㢴省，囗象鹽形。［注］安定有鹵縣。東方謂之㡿，西方謂之鹵。凡鹵之屬皆从鹵。郎古切。五部。

段注：合體象形，有半成字半不成字者，如鹵从卤，而又以囗象之是也。有兩不成字者，如㢴以弓象鳥，以囟象巢是也。(《説文解字注 · 鹵部》，第 586 頁上)

451. 閬 làng

門高也。［注］从門，良聲。巴郡有閬中縣。來宕切。十部。

段注：《自部》曰：阬，閬也。此曰：閬，門高皃。相合爲一義。凡許書異部合讀之例如此。(《説文解字注 · 門部》，第 588 頁下)

452. 聯 lián

連也。［注］从耳，从絲。从耳，耳連於頰。从絲，絲連不絶也。力延切。十四部。

段注：連者，負車也。負車者，以人輓車。人與車相屬，因以爲凡相連屬之稱。周人用聯字，漢人用連字，古今字也。《周禮》：官聯以會官治。鄭注：聯讀爲連，古書連作聯。此以今字釋古字之例。(《説文解字注 · 耳部》，第 591 頁下)

453. 配 yí

廣頤也。［注］从𦣝，巳聲。戺，古文配，从户。與之切。一部。

段注：凡詁訓有析之至細者，有通之甚寬者，非好學深思，心知其意，不能盡其理也。(《説文解字注 · 𦣝部》，第 593 頁下)

454. 揖 yī

攘也。从手，咠聲。一曰手箸匈曰揖。［注］伊入切。八部。

段注：許君於《禮》或從古文，或從今文。(《説文解字注 · 手部》，第 595 頁上)

455. 搯 tāo

捾也。从手，舀聲。《周書》曰：師乃搯。搯者，擂兵刃目習擊刺也。［注］《詩》曰：左旋右擂。土刀切。古音在三部。

段注：此釋《大誓》搯字之義，以明與訓捾之搯不同也。凡《説文》既説字義而引經又釋其義者，皆以明説經與説字不同。(《説文解字注 · 手部》，第 596 頁上)

456. 搯 tāo

捾也。从手，舀聲。《周書》曰：師乃搯。搯者，擂兵刃目習擊刺也。《詩》曰：左旋右擂。［注］土刀切。古音在三部。

段注：凡引經説字，不必見本字。如引突如其來如證不順忽出，引龍戰於野證陰極陽生，引先庚三日證庚更事也，皆是此例。(《説文解字注・手部》，第596頁上)

457. 捋 luō

取易也。［注］从手，寽聲。郎括切。十五部。

段注：若董逌《詩詁》曰：以指歷取也。朱子《詩集傳》曰：捋取其子也。此於今之俗語求其義，而不知今之俗語，許書自有本字。凡訓詁之宜審慎如此。(《説文解字注・手部》，第599頁上)

458. 揃 jiǎn

搣也。［注］从手，歬聲。即淺切。十四部。

段注：顔師古注《急就》曰：揃搣，謂鬄拔眉髮也，蓋去其不齊整者。顔氏誤以《禮經》之揃釋莊史之揃搣，是誤以叚借爲本義也。訓詁不通其源，斯誤有如此者。(《説文解字注・手部》，第599頁下)

459. 擊 jī

攴也。［注］从手，毄聲。古歷切。十六部。

段注：攴下曰：小擊也。二篆爲轉注。攴訓小擊。擊則兼大小言之。而但云攴也者，於攴下見析言之理，於擊下見渾言之

理，互相足也。(《説文解字注 · 手部》，第 609 頁下)

460. 掺 chān

斂也。从手，參聲。[注] 所斬切。古音在七部。

段注：凡許書《鼎部》鬮、鼏相似而失其一，《衣部》衫、袀相似而失其一，《水部》沱、池相似而有沱無池，皆此類。(《説文解字注 · 手部》，第 611 頁上)

461. 㚪 hào

人姓也。从女，丑聲。《商書》曰：無有作㚪。[注] 呼到切。按古音在三部。

段注：《鴻範》文。今《尚書》㚪作好。此引經説叚借也。㚪本訓人姓，好惡自有真字。而壁中古文叚㚪爲好，此以見古之叚借不必本無其字。是爲同聲通用之肇耑矣。(《説文解字注 · 女部》，第 613 頁下)

462. 始 shǐ

女之初也。[注] 从女，台聲。詩止切。一部。

段注：《釋詁》曰：初，始也。此與爲互訓。初、裁皆衣之始也。基者，牆之始也。凡言之者皆分別之詈。(《説文解字注 · 女部》，第 617 頁下)

編者按：此注似已揭出"之"的聯系定語作用，待核。

463. 孌 luǎn

順也。从女，䜌聲。《詩》曰：婉兮孌兮。孌，籀文孌。

［注］力沇切。十四部。

段注：凡言古、籒以爲某字者，亦可附於某字之下。如艸篆下可出：屮，篆云古文艸。巧篆下可出：丂，篆云古文巧。其道一也。(《説文解字注·女部》，第618頁下)

464．孌 liàn

慕也。［注］从女，䜌聲。《廣韻》力眷切，大徐力沇切。十四部。

段注：此篆在籒文爲嫋，順也。在小篆爲今之戀，慕也。凡許書複見之篆，皆不得議刪。《廣韻》卅三線曰：戀，慕也。孌、戀爲古今字。(《説文解字注·女部》，第622頁上)

465．弗 fú

撟也。［注］从丿乀，从韋省。分勿切。十五部。

段注：凡經傳言不者其文直，言弗者其文曲。如《春秋》：公孫敖如京師，不至而復。晉人納捷菑于邾，弗克納。弗與不之異也。《禮記》：雖有嘉肴，弗食，不知其旨也；雖有至道，弗學，不知其善也。弗與不不可互易。(《説文解字注·丿部》，第627頁下)

466．羛 yí

己之威義也。从我，从羊。羛，墨翟書義从弗。魏郡有羛陽鄉，讀若錡。［注］今屬鄴，本内黄北二十里鄉也。宜寄切。古音在十七部。

段注：此以地名證羛字，又箸其方音也。凡古地名，多依畬俗方語，如蓮勺呼輦酌，卑水呼班水，鮦陽呼紂陽，大末呼闥末，剡呼舌剡反，鄮呼蹢躅之蹢，曲逆呼去遇，如是者不可枚數。羛陽讀若錡，同也。(《説文解字注・我部》，第633頁上)

467. 匹 pǐ

四丈也。［注］从匸八。八揲一匹。八亦聲。普吉切。十二部。

段注：按：字之本義有難定者，如《襍記》注：今謂之匹，猶匹偶之云與。是以匹偶爲本義，而帛二兩爲引申之義也。與許説迥異。四丈爲匹之云，三代時經傳不見。其字从八，八者，别也。夫婦有别，故謂之匹。从匸，亦取别嫌明微意與？鄭意或當如是。(《説文解字注・匸部》，第635頁下)

468. 甗 yǎn

甑也。一穿。［注］从瓦，鬳聲，讀若言。魚蹇切。十四部。

段注：甑下曰甗也，渾言之。此曰甑也，一穿，析言之。渾言見甗亦評甑，析言見甑非止一穿。參差互見，使文義相足，此許訓詁之一例也。(《説文解字注・瓦部》，第638頁下)

469. 紅 zhì

樂浪挈令。織从糸，从式。［注］

段注：挈當作栔。栔，刻也。樂浪郡栔於板之令也，其織字如此。録之者，明字合於六書之法則無不可用也。如録漢令之鬲作歷。(《説文解字注・糸部》，第644頁下)

470. 繢 huì

織餘也。一曰畫也。［注］从糸，貴聲。胡對切。十五部。

段注：《咎繇謨》：日月星辰山龍華蟲作繪。鄭注曰：繪讀曰繢。讀曰猶讀爲，易其字也。以爲訓畫之字當作繢也。繪訓五采繡，故必易繪爲繢。(《説文解字注・糸部》，第 645 頁上)

471. 紡 fǎng

紡絲也。［注］从糸，方聲。妃兩切。十部。

段注：紡各本作網，不可通。唐本作拗，尤誤。今定爲紡絲也，三字句，乃今人常語耳。凡不必以他字爲訓者，其例如此。(《説文解字注・糸部》，第 645 頁下)

472. 續 xù

連也。从糸，賣聲。賡，古文續。从庚貝。［注］似足切。三部。

段注：抑知以今字釋古文，古人自有此例。即如許云：舄，鵲也。非以今字釋古文乎？(《説文解字注・糸部》，第 646 頁上)

473. 緹 tǐ

帛丹黄色也。从糸，是聲。祇，緹或作祇。［注］他禮切。十六部。

段注：凡古語詈皆取諸字音，不取字本義，皆叚借之法也。(《説文解字注・糸部》，第 650 頁下)

474. 綥 qí

帛蒼艾色也。从糸，畁聲。《詩》曰：縞衣綥巾。未嫁女所服。一曰不借綥。［注］綦，綥或从其。渠之切。一部。

段注：按：許不云一曰屨系，而舉不借綦者，以俗語易曉也。(《説文解字注 · 糸部》，第 651 頁下)

475. 緇 zī

帛黑色也。从糸，甾聲。［注］側持切。一部。

段注：《論語》今也純，鄭讀爲緇。鄭意今之紂字，俗訛爲純耳。然則許書當爲紂篆，解云古文緇，从糸，才聲。而缺者，豈從今書不從故書之例與？(《説文解字注 · 糸部》，第 651 頁下)

476. 綊 xié

紅綊也。［注］从糸，夾聲。胡頰切。八部。

段注：其義已釋於上，故此但云紅綊也。凡緜連字不可分釋者，其例如此。(《説文解字注 · 糸部》，第 658 頁上)

477. 轡 pèi

馬轡也。从絲車。與連同意。《詩》曰：六轡如絲。［注］兵媚切。十五部。

段注：《小雅》皇皇者華文。此非以證轡字，乃以釋从絲之意也。六轡如絲。《毛傳》曰：言調忍也。如絲，則是以絲運車，故其字从絲車。凡引經説會意之例如此。(《説文解字注 · 絲部》，第 663 頁上)

478．虫 huǐ

一名蝮，博三寸，首大如擘指。象其臥形。物之散細。或行或飛，或毛或蠃，或介或鱗。目虫爲象。［注］凡虫之屬皆从虫。許偉切。十五部。

段注：按：以爲象，言以爲象形也。从虫之字多左形右聲，左皆用虫爲象形也。(《説文解字注·虫部》，第663頁下)

479．蛁 diāo

蟲也。［注］从虫，召聲。都僚切。二部。

段注：凡單字爲名者，不得與雙字爲名者相牽混。(《説文解字注·虫部》，第664頁上)

480．蠲 juān

馬蠲也。从虫，罒象形。［注］益聲。《明堂月令》曰：腐艸爲蠲。古懸切。益聲在十六部。

段注：不云从蜀者，物非蜀類，又書無《蜀部》也。(《説文解字注·虫部》，第666頁上)

481．蝒 mián

馬蜩也。［注］从虫，面聲。武延切。十四部。

段注：凡言馬者謂大。馬蜩者，蜩之大者也。(《説文解字注·虫部》，第666頁下)

482．蛸 xiāo

蟲蛸，堂蜋子。从虫，肖聲。［注］相邀切。二部。

段注：按：蠿字从䖵，故入《䖵部》。凡一物二字而異部者例此。（《説文解字注·虫部》，第 666 頁下）

483. 龜 guī

舊也。外骨内肉者也。从它，龜頭與它頭同。［注］天地之性，廣肩無雄。龜鼈之類，目它爲雄。象足甲尾之形。凡龜之屬皆从龜。𪚦，古文龜。居追切。古音在一部。

段注：此如黽頭與它頭同，魚尾與燕尾同，兔頭與㲋頭同。㲋足、㲋足、能足與鹿足同，虎足與人足同，兕頭與禽頭、离頭同。皆其物形相似，故製字同之也。此説从它之意也。（《説文解字注·龜部》，第 678 頁下）

484. 黽 měng

鼃黽也。［注］从它，象形。黽頭與它頭同。凡黽之屬皆从黽。䵶，籒文黽。莫杏切。古音在十部。

段注：凡兩字爲名，一字與他物同者，不可與他物牽混。（《説文解字注·黽部》，第 679 頁上）

485. 鼂 cháo

匽鼂也。讀若朝。楊雄説：匽鼂，蟲名。杜林目爲朝旦，非是。从黽，从旦。鼂，古文从皀。［注］陟遥切。二部。

段注：凡先古、籒後篆者，皆由文勢不得不尒。（《説文解字注·黽部》，第 680 頁上）

486. 卵 luǎn

凡物無乳者卵生。象形。凡卵之屬皆从卵。卝，古文卵。［注］盧管切。十四部。

段注：凡漢注云之言者，皆謂其轉注、叚借之用。以磺釋卝，未嘗曰：卝，古文磺。亦未嘗曰：卝，讀爲磺也。自其雙聲以得其義而已。卝固讀如管，讀如關也。（《説文解字注·卵部》，第680頁下）

487. 卵 luǎn

凡物無乳者卵生。象形。凡卵之屬皆从卵。卝，古文卵。［注］盧管切。十四部。

段注：丱从卝聲。關从丱聲。許説形聲井井有條如是。（《説文解字注·卵部》，第680頁下）

488. 凡 fán

冣揺而言也。从二。二，耦也。从乃。乃，古文及字。［注］浮芝切。古音在七部。

段注：許以先篆後古、籀爲經例，先古、籀後篆爲變例。變例之興，起於部首。（《説文解字注·二部》，第681頁下）

489. 地 dì

元气初分，輕清昜爲天，重濁侌爲地。萬物所陳列也。［注］从土，也聲。墬，籀文地。从𨸏土，彖聲。徒四切。古音在十七部。

段注：凡本無其字、依聲託事者，如萬蟲，終古叚借爲千萬。雖唐人必用万字，不可從也。若本有其字，如叚陳國爲𨻰列，在他書可，而許書不可。(《説文解字注 · 土部》，第 682 頁上)

490．坤 kūn

地也。《易》之卦也。从土申。土位在申也。［注］苦昆切。十三部。

段注：故文字之始作也，有義而後有音，有音而後有形。音必先乎形。名之曰乾坤者，伏羲也。字之者，倉頡也。畫卦者，造字之先聲也。是以不得云☷即坤字。(《説文解字注 · 土部》，第 682 頁下)

491．堣 yú

堣夷，在冀州暘谷。［注］立春日。日值之而出。从土，禺聲。《尚書》曰：宅堣夷。噳俱切。五部。

段注：凡緯書皆用今文。(《説文解字注 · 土部》，第 682 頁下)

492．堣 yú

堣夷，在冀州暘谷。立春日。日值之而出。从土，禺聲。《尚書》曰：宅堣夷。［注］噳俱切。五部。

段注：許之例不云《尚書》。此當云《唐書》。改之者作《虞書》。其説見《禾部》。(《説文解字注 · 土部》，第 683 頁上)

493．墼 jī

令適也。［注］一曰未燒者。从土，毄聲。古歷切。十六部。

段注：甎古祇作專，如《斯干》傳曰：瓦，紡專也。《寸部》專下曰：一曰紡專也。皆可證。陸德明云：《字林》作塼。此許、吕各因時作字書之例。許意在存古，吕意在宜今也。(《說文解字注·土部》，第687頁上）

494．坁 zhǐ

箸也。［注］从土，氏聲。諸氏切。十六部。

段注：凡言者者，别事詈也，有所箸之詈也。故凡言箸，皆者引申之義。(《說文解字注·土部》，第687頁下）

495．埤 pí

增也。［注］从土，卑聲。符支切。十六部。

段注：凡从曾之字，皆取加高之意。《會部》曰：曾者，益也。是其意也。凡从卑之字，皆取自卑加高之意。所謂天道虧盈益謙，君子捊多益寡也。凡形聲中有會意者例此。(《說文解字注·土部》，第689頁下）

496．畬 yú

二歲治田也。［注］从田，余聲。《易》曰：不菑畬田。以諸切。五部。

段注：許全書多宗毛公，而意有未安者則不從。(《說文解字注·田部》，第695頁下）

497. 鋞 xíng

昷器也。[注] 圜而直上。从金，巠聲。户經切。十一部。

段注：許書温系水名，昷訓仁也。昷訓仁，故引申爲昷煗字。煗下曰：昷也。𪏭下曰：安𪏭，昷也。凡經史可借用温，而許書不宜自相矛盾。凡讀許書者知此，則九千三百餘文之説解絶無不可通之處矣。(《説文解字注 · 金部》，第 704 頁上)

498. 鉉 xuàn

所目舉鼎也。从金，玄聲。《易》謂之鉉，《禮》謂之鼏。[注] 胡犬切。十二部。

段注：許於《禮經》之字，古文是者則從古文，今文是者則從今文。(《説文解字注 · 金部》，第 705 頁上)

499. 鐫 juān

破木鐫也。从金，雋聲。一曰琢石也。[注] 讀若瀸。子全切。十三部。

段注：此破木引申之義耳，凡似此者，皆淺人所增也。(《説文解字注 · 金部》，第 706 頁下)

500. 鏓 cōng

鎗鏓也。从金，悤聲。一曰大鑿，中木也。[注] 倉紅切。九部。

段注：囱者多孔，蔥者空中，聰者耳順，義皆相類。凡字之義必得諸字之聲者如此。(《説文解字注 · 金部》，第 710 頁上)

501. 鎎 xì

怒戰也。从金，愾省。《春秋傳》曰：諸侯敵王所愾。［注］許既切。十五部。

段注：愾各本作鎎，今正。《春秋傳》者，文公四年《左傳》文。杜曰：敵猶當也。愾，恨怒也。《心部》曰：愾，大息，从心氣。是則王所愾，王所怒也。敵王所怒，故用金革。此引以證會意之指，與引艸木麗乎地説蘼，引豐其屋説寷，引莫可觀於木説相，引在冋之野説駉同意。許於愾下云：从心氣，氣亦聲。是謂氣即气字。此作从金氣，《春秋傳》敵王所愾。亦無不合。凡此校正，私謂必符許意。知我罪我，所不計也。(《説文解字注 · 金部》，第 713 頁下)

502. 且 jū，qiě

所目薦也。［注］从几。足有二横。一，其下地也。凡且之屬皆从且。𠀇，古文目爲且，又目爲几字。子余切。又千也切。古音㛐在五部。

段注：凡語助云且者，必其義有二，有藉而加之也。云嫴且、苟且者，謂僅有藉而無所加，粗略之詈也，凡經注言且字者十有一。(《説文解字注 · 且部》，第 716 頁上)

503. 䖑 zù

且往也。［注 1］从且，［注 2］豦聲。昨誤切。五部。

段注：［注 1］且往，言姑且往也，匆遽之意。［注 2］此不用且之本義。如豋登不用豆之本義。(《説文解字注 · 且部》，第 716 頁下)

504. 斨 qiāng

方銎斧也。从斤，爿聲。《詩》曰：又缺我斨。［注］七羊切。十部。

段注：《豳風·破斧》文。按：許不稱《七月》稱此者，明斧斨之用不專伐木也。(《説文解字注·斤部》，第 716 頁下)

505. 輒 zhé

車兩輢也。［注］从車，耴聲。陟葉切。八部。

段注：凡許全書之例，皆以難曉之篆先於易知之篆，如輯下云，車輿也，而後出輿篆。輒下云，車兩輢也，而後出輢篆。是也。(《説文解字注·車部》，第 722 頁下)

506. 輔 fǔ

《春秋傳》曰：輔車相依。［注］从車，甫聲。人頰車也。扶雨切。五部。

段注：凡許書有不言其義，徑舉經傳者，如尌下云：詞之尌矣。鶴下云：鶴鳴九皋，聲聞于天。艴下云：色艴如也。絢下云：《詩》云素以爲絢兮。之類是也。此引《春秋傳》僖公五年文。不言輔義者，義已具於傳文矣。(《説文解字注·車部》，第 726 頁下)

507. 範 fàn

範載也。从車，笵省聲。讀與犯同。［注］《廣韻》防鋄切。七部。

段注：不曰讀若犯而曰與同者，其音義皆取犯，讀若則但言

其音而已。(《説文解字注·車部》，第727頁下)

508. 陰 yīn

闇也。水之南、山之北也。从𨸏，[注] 侌聲。於今切。七部。

段注：夫造化侌昜之气本不可象，故霒與陰、昜與陽皆叚雲日山𨸏以見其意而已。(《説文解字注·𨸏部》，第731頁上)

509. 陟 zhì

登也。[注] 从𨸏步。㥅，古文陟。竹力切。一部。

段注：《釋詁》曰：陟，陞也。《毛傳》曰：陟，升也。陞者，升之俗字。升者，登之叚借。《禮·喪服》注曰：今文禮皆登爲升。俗誤已行久矣。據鄭説則古文《禮》皆作登也。許此作登不作升者，許書説解不用叚借字也。漢人用同音字代本字，既乃不知有本字。所謂本有其字、依聲託事者然也。(《説文解字注·𨸏部》，第732頁下)

編者注：509條“漢人用同音字代本字”一語，似乎段君已理會舌上歸舌頭，蒸韻來自登韻。待訂。

510. 隉 niè

危也。从𨸏，从毀省。徐巡目爲隉，凶也。賈侍中説：隉，瀌度也。班固説：不安也。《周書》曰：邦之阢隉。[注] 讀若虹蜺之蜺。隉當切五結。十五部。

段注：上稱三家説而後稱經者，明此書爲説字之書，特稱經爲證也。(《説文解字注·𨸏部》，第733頁上)

511．隝 huī

鄭地阪。从𨸏，爲聲。《春秋傳》曰：將會鄭伯於隝。［注］許爲切，《釋文》于詭切。古音在十七部。

段注：於當作于，隝今經傳皆作鄬。襄七年十有二月：公會晉侯、宋公、陳侯、衞侯、曹伯、莒子、邾子于鄬，三經同。《左氏傳》曰：及將會於鄬，子駟相，又不禮焉。句本無鄭伯字。許以此叙鄭事，故增此二字。凡引古書不無異同者例此。（《説文解字注・𨸏部》，第 735 頁下）

512．四 sì

侌數也。象四分之形。凡四之屬皆从四。咒，古文四如此。亖，籒文四。［注］息利切。十五部。

段注：按：《説文》之例，先籒文，次古文。此恐轉寫誤倒。（《説文解字注・四部》，第 737 頁下）

編者按：道生細味此條之“先”當指前篆體“咒”，“次”當指本篆“亖”。

513．禸 róu

獸足蹂地也。［注］象形，九聲。尒疋曰：狐貍貛貈醜，其足蹞，其迹厹。凡厹之屬皆从厹。蹂，篆文厹。从足，柔聲。人九切。三部。

段注：足著地謂之厹。以蹂釋厹，以小篆釋古文也。（《説文解字注・禸部》，第 739 頁上）

514．禽 qín

走獸總名。［注］从厹，象形。今聲。禽、离、兕頭相佀。巨今切。七部。

段注：《釋鳥》曰：二足而羽謂之禽，四足而毛謂之獸。許不同者，其字从厹。厹爲獸跡，鳥跡不云厹也。然則倉頡造字之本意謂四足而走者明矣。以名毛屬者名羽屬，此乃稱謂之轉移叚借。及其久也，遂爲羽屬之定名矣。《爾雅》自其轉移者言之，許指造字之本言之。凡《經典》禽字，有謂毛屬者，有謂羽屬者，有兼舉者。故《白虎通》曰：禽者何？鳥獸之總名。（《說文解字注・内部》，第 739 頁上）

515．巳 sì

巳也。［注］四月，昜气巳出，陰气巳臧，萬物見。成彣彰，故巳爲它象形。凡巳之屬皆从巳。祥里切。一部。

段注：辰巳之巳既久用爲巳然巳止之巳。故即以巳然之巳釋之。《序卦傳》：蒙者，蒙也。比者，比也。剥者，剥也。《毛詩傳》曰：虛，虛也。自古訓故有此例。即用本字，不叚異字也。（《說文解字注・巳部》，第 745 頁下）

516．醧 yù

宴厶歈也。［注］从酉，區聲。依據切。古音在四部。讀如謳。《玉篇》《廣韻》作醞。於娱切。

段注：毛、韓各有所受。往往毛多古字，韓爲今字。此一條韓爲正字，毛爲叚借字。（《說文解字注・酉部》，第 749 頁下）

517. 醺 xūn

醉也。从酉，熏聲。《詩》曰：公尸來燕醺醺。［注］許云切。十三部。

段注：醺醺恐淺人所改。《毛傳》：熏熏，和悦也。許以來燕熏熏釋此篆之从酉熏。正與釋𧶠、釋𩞁、釋𪏭、釋庸之引《易》同例。此亦引經釋會意之例也。學者不悟久矣。(《説文解字注 · 酉部》，第 750 頁上)

518. 醫 yī

治病工也。从殹，从酉。［注］殹，惡姿也。醫之性然，得酒而使，故从酉。王育説。一曰殹，病聲。酒，所㠯治病也。《周禮》有醫酒。古者巫彭初作醫。於其切。古音在一部。

段注：許書之例，必先舉篆之从某从某，或从某某聲。而下又釋其从某之故。往往云故从某者是也。蓋人所不憭者，則釋之。(《説文解字注 · 酉部》，第 750 頁下)

519. 鎬 hào

昷器也。从金，高聲。武王所都，在長安西上林苑中。字亦如此。［注］乎老切。二部。

段注：此於例不當載而特詳之者，説叚借之例也。《土部》堋下引《春秋傳》矣，而又曰：《虞書》：堋淫於家。亦如是。謂《書》朋淫之字亦如此作也。武王都鎬，本無正字，偶用鎬字爲之耳。一本有其字之叚借，一本無其字之叚借也。(《説文解字注 · 金部》，第 704 頁下)

后　记

一九三四年秋，在沈兼士師指導下，點閲説文解字段玉裁注。段注所發之義例，就書上標出記號，即在另册鈔録。四十五年以來，通讀段注五遍，此稿即經四次翻查，四次鈔録。舊稿幸皆保存，偶爾取出對照，則又有所删削，有所歸併，有所增補。

川師漢語大字典編寫組同人，認爲這些義例可以幫助通讀許書，掌握段注精要。乃舉此稿交付刻出油印。余將隨從同人，又一次通讀段注，更加以訂補。油印之稿，正所用以徵求意見。

一九七九年六月杜道生記

一九八二年二月，四川、上海翻印《説文段注》相繼出版。同學踴躍購讀。爲了發揮此稿用途，新寫出平時使用編出之“分類檢閲表”兩頁，掃描印製。作爲文字課輔導教材，漢語言文字研究室資料之一。

道生又記　三月十五日

（连载完）

征稿启事

一、《语言历史论丛》（*Papers on Languages and History*）是四川师范大学文学院编辑出版的学术论文集，每年定期出版二辑。

二、本《论丛》刊登语言学（特别是中国西南地区语言研究）及其相关学科的学术论文。

三、本《论丛》刊登中文稿、英文稿及其他语言汉译稿。

四、作者投稿，请写明姓名、工作单位、通信地址、邮政编码、联系电话、电子信箱。

五、中文稿应按中国国家标准使用简化字、标点符号和数字。古文字，请作者自制图片文件插入正文中。图片要求高精度黑白格式，勿使用灰度或彩色图片。推荐使用潘悟云 Unicode 国际音标 IpaPanNew（下载：http://www.eastling.org/），勿使用不符合规范的自制音标。

六、稿件请按下列次序排列：（1）文章题目；（2）作者，作者工作单位全称，所在省、市，邮政编码；（3）内容摘要，关键词；(4) 正文；(5) 参考文献；(6) 英文题目；(7) 作者姓名的汉语拼音，作者工作单位英文全称，所在省、市的汉语拼音，邮政编码； (8) 英文摘要 (Abstract)； (9) 英文关键词 (Key Words)。

七、内容摘要篇幅为100—300字，应具有独立性和自含性，可单独成文反映论文内容，应明确指出文章的创新点，避免使用"本文""作者"等词。关键词数目3—8个。中英文的摘要和关键词应互相对应。

八、引文和参考文献。稿件中引文务必准确，注明出处。不得引用未正式发表的文献。参考文献在文末，根据作者姓名的音序顺序排列（同一作者的不同文献，按文献音序顺序排列），并根据排定的参考文献顺序，回头标写正文中相应的引文标注码。同一文献，同一序号，附注页码。格式为上标的"[序号] 页次"(如[1]、[2][6]、[5—7]、[8]98、[9]66—68、[4]26,[6]3—8……)。

文末参考文献：

[1] 刘燕. 自贡等八市县方言音系调查研究 [D]. 成都：四川师范大学硕士论文，2011.

[2] 沈家煊. 语言的"主观性"和"主观化" [J]. 外语教学与研究，2001 (4).

[3] 叶蜚声，徐通锵. 语言学纲要 [M]. 北京：北京大学出版社，1997.

[4] 周及徐 . 成都方言本字 26 例（续一）[C] //语言历史论丛（第十三辑），成都：巴蜀书社，2019 (2) .

文中参考文献标注，并列几个引用时，标在本句中书、文、作者名后；只引用一处时，标在本句尾标点后。例：

"反映了敦煌变文被发现近一个世纪以来海内外研究的成果和水

平，也反映了校注者在充分吸收前人成果基础上的最新见解。”[2]该书包罗宏富，校注精审，创新之处颇多，霑溉学林无穷。《校注》中亦有少数疏漏或悬而未决之处，程惠新[2]，刘传鸿[3]，赵家栋[4][5]，汪维辉[6]等先生已有补正。

九、注释采用页下脚注，用数字加圆圈标引（①②③……）。

十、稿件首页下方请按以下顺序注明作者简介：姓名，性别（民族—汉族可省略），出生年，籍贯，职称，学位，研究方向。获得基金资助的文章，应注明基金项目：基金项目名称（项目编号）。基金项目置于作者简介上方。

十一、作者请注意下列有关知识产权的事项：勿一稿多投。采用他人已经发表或撰写过的研究成果，须明确标示。使用他人制作的图、表或引用大段文字，须取得版权所有者授权。

十二、来稿请寄本编辑部。一律不退稿，请作者自留底稿。电子文稿请发 Word 和 PDF 格式各一。地址：中国四川省成都市静安路 5 号，四川师范大学文学院《语言历史论丛》编辑部收，邮政编码：610068。E-mail：yylslc@ sina. com

十三、论文发表后，赠送作者该期《语言历史论丛》二册。

十四、本刊已许可中国知网以数字化方式复制、汇编、发行、信息网络传播本刊全文。本刊支付的稿酬已包含中国知网著作权使用费，所有署名作者向本刊提交文章发表之行为视为同意上述声明。如有异议，请在投稿时说明，本刊将按作者说明处理。

《语言历史论丛》编辑部

2020 年 6 月

图书在版编目（CIP）数据

语言历史论丛．第十四辑/四川师范大学文学院编．
—成都：巴蜀书社，2020.7
ISBN 978-7-5531-1359-3

Ⅰ.①语… Ⅱ.①四… Ⅲ.①语言学－文集 Ⅳ.
①H0-53

中国版本图书馆 CIP 数据核字（2020）第 172172 号

语言历史论丛（第十四辑）　　　四川师范大学文学院　编

责任编辑　王群栗　马　兰
出　　版　巴蜀书社
　　　　　成都市槐树街 2 号　邮编 610031
　　　　　总编室电话：（028）86259397
网　　址　www.bsbook.com
发　　行　巴蜀书社
　　　　　发行科电话：（028）86259422　86259423
经　　销　新华书店
印　　刷　成都春晓印务有限公司
　　　　　电话：（028）88450462
版　　次　2020 年 7 月第 1 版
印　　次　2020 年 7 月第 1 次印刷
成品尺寸　203mm×140mm
印　　张　6.25
字　　数　180 千字
书　　号　ISBN 978-7-5531-1359-3
定　　价　30.00 元